CARLOS PONCE B.

Estudiar, trabajar y ahorrar no es suficiente... ¡Invierte en Bolsa!

CARLOS PONCE B.

Estudiar, trabajar y ahorrar no es suficiente... ¡Invierte en Bolsa!

LID

MADRID | CIUDAD DE MÉXICO | BUENOS AIRES
BOGOTÁ | LONDRES | SHANGHÁI

Biblioteca SNX

Editado por LID Editorial Mexicana
Homero 109, 1404, Colonia Chapultepec Morales, Ciudad de México, 11570
Tel.+52 (55) 5255-4883
mexico@lidbusinessmedia.com - LIDeditorial.com - LIDlibros.com

A member of BPR

businesspublishersroundtable.com

Primera edición: noviembre de 2012

ISBN: 978-607-8704-03-3

Corrección de estilo: Diana Goldberg
Diseño de portada: Edgar A. Reyes
Formación: Benjamín Aceves

Dedicatoria

Muchos a quienes dedicar este libro, pero sobre todo mucho que agradecer.

Gracias por el ejemplo, por compartir, por haber dicho «acepto», por el cariño, por el apoyo, por la paciencia, por la invitación, por la crítica, por la pasión, por la risa, por el juego, por el regaño, por la queja, por la idea, por tomar la llamada, por no tomar la llamada, por creer, por la exigencia, por la capacitación, por los comentarios, por la reunión, por leer, por opinar, por los correos enviados, por la disciplina, por el entrenamiento, por las dudas, por el desacuerdo, por ser parte del equipo, por resistir momentos difíciles, por el reto permanente, por compartir un sueño.

Carlos Ponce

«Mil excusas y ninguna buena razón.»
Mark Twain

Ante el creciente interés por esta y otras publicaciones, el cual agradezco, LID Editorial consideró conveniente una reedición de estos libros a manera de colección con la **Biblioteca SNX, Constructores de patrimonio.** El que está empezando usted hoy es el segundo en tiempo y se combina con dos obras más: *El riesgo es no invertir en Bolsa* y *Además, soy empresario en la Bolsa.* Los libros se complementan entre sí y no es necesario un orden en su selección de lectura. Le aseguro que cada uno y todos ellos en conjunto lo ayudarán a conocer en poco tiempo lo que a mí me tocó descubrir en 33 años: ¡una forma distinta de formar un patrimonio!

La primera edición de este libro apareció en 2012. En ella intenté ser menos técnico, incorporar experiencias y ejemplos con los que el lector pueda identificarse por la veracidad de estos y evité la necesidad secuencial entre los capítulos. Usted puede revisar cualquiera y por sí solo ofrece información valiosa. Esta obra ha tenido gran aceptación, supongo que por la manera en la que muchos de nosotros nos identificamos con las situaciones descritas en su contenido y por la facilidad de su lectura. El título y contenido del libro no pretenden generar angustia y miedo, sino una reflexión profunda que invita a actuar oportunamente sobre temas de inversión, una materia de carácter universal pendiente en el país, no para especialistas, y sumamente necesaria.

En un principio evaluamos la necesidad de actualizar las cifras e información de las tres publicaciones de la Biblioteca SNX, sin embargo, preferí no hacerlo, ya que no necesitan tablas o gráficas recientes (que casi tendrían que actualizarse todos los días) para validar las lecciones que contienen. Los capítulos no son importantes por los números que los acompañan, sino por el mensaje que transmiten y la reflexión a la que invitan en cualquier momento. En cada libro permanece el contenido original (introducción y carta de presentación) como testimonio del desarrollo profesional de un servidor, la evolución y el cambio de contexto del mercado y, sobre todo, como un profundo agradecimiento a las instituciones y personas con las que he compartido años de trabajo.

Gracias «Sr. Mercado»: después de más de 30 años de colaborar en instituciones internacionales y locales (todas ellas grandes experiencias, de las que tengo solo buenos recuerdos y muchos amigos), decidí independizarme. Siempre he dicho que la inversión en la Bolsa puede permitir alcanzar proyectos importantes, justo como este. Hacerlo me hace ser más congruente conmigo pero, sobre todo, con usted, amable lector.

Con amigos de muchos años, extraordinarios profesionistas y de gran calidad humana (Alexandro Santillán y José Luis Ramírez), fundamos la empresa SNX, Constructores de Patrimonio en 2018. Una institución para difundir y seguir participando activamente en el mercado bursátil. Las siglas SNX abrevian la frase «¡*Sin excusas*!», una invitación permanente hacia una actitud de vida que no impida lograr objetivos en un sentido amplio, incluyendo, por supuesto, la construcción de patrimonios. Su emblema incluye un reloj de arena que simboliza la importancia de la oportunidad y el valor del tiempo en cualquier decisión.

Al igual que muchos de ustedes, tomar decisiones no me resulta siempre fácil. A medida que pasa el tiempo, más valoro su importancia. No tomar decisiones es la peor de todas. Personalmente, no quiero terminar ninguna actividad sin poder decir «lo intenté». Mejor aún… ¡Lo logramos!

Actualización

Lo único que actualizo son ciertos sucesos que enmarcan la nueva edición de este libro y que les recomiendo tener en cuenta en el desarrollo de su lectura.

Mercado accionario: el Índice de Precios y Cotizaciones (IPyC) ha presentado mayor volatilidad en los últimos años (desde la edición original de este libro) y su resultado parece cada vez menos representativo de un grupo importante de empresas cuyos rendimientos anuales, a través del alza en su precio de mercado, han superado el desempeño del propio IPyC. Al mismo tiempo, el Sistema Internacional de Cotizaciones (SIC) nos ha permitido participar (ser dueños) cada vez con mayor profundidad y alternativas en empresas internacionales desde nuestro propio país. El reto permanente seguirá siendo identificar las emisoras cuya condición favorable se traduzca en un mayor patrimonio a futuro. Altos crecimientos en utilidades a futuro, atractivos niveles de rentabilidad, sano endeudamiento, poca competencia, preferente política de dividendos y una buena administración al frente del negocio, son elementos que definen nuestra preferencia hacia «empresas extraordinarias». Una vez identificadas, habrá que analizar si su valor (diferente al precio) resulta aún atractivo. La buena noticia es que el mercado siempre ofrece oportunidades para identificar estas emisoras cuyo reconocimiento sucede tarde o temprano.

Agradecimiento especial

«Si caminas solo, llegaras más rápido. Si caminas acompañado, llegaras más lejos.»

Proverbio chino

Durante el proceso de la creación de SNX, tuve la oportunidad de reflexionar sobre metas y objetivos con Héctor Madero Rivero, Presidente y Director General de Grupo Financiero Actinver. La coincidencia de objetivos con él y su institución resultó extraordinaria. Estoy muy agradecido con Héctor por la oportunidad de desarrollar proyectos conjuntos. Actinver es una institución líder en México de gran reconocimiento. Héctor es una profesionista ejemplar y, sobre todo, una persona que genera infinita confianza.

Carlos Ponce Bustos

Gracias a la explosión de la tecnología de información y a su democratización, México ha sufrido una gran transformación en las últimas tres décadas. La hemos visto prácticamente en todos los frentes, incidiendo en lo social, incluyendo efectos en lo económico y, por supuesto, afectando también el aspecto político. La interrelación entre estos ámbitos ha hecho que se generen adicionalmente otras adecuaciones, en particular en los usos y costumbres de la sociedad. En solo unos años vemos formas muy distintas en la manera en la que se relacionan las personas entre sí. Vemos también cómo los trabajadores y los empresarios tienen maneras diferentes de abordar su quehacer laboral, lo cual se manifiesta en la necesidad de presencia física en el lugar de trabajo y en las herramientas que usan para efectuarlo. El esparcimiento ha migrado también, la era de la información inmediata y la cultura de satisfactores de muy corto plazo han producido un crecimiento en la movilidad de la gente y una diversificación en las actividades recreativas.

Desafortunadamente, no podemos decir lo mismo en cuanto a la manera en que la gente administra sus recursos financieros.

El sistema financiero también ha cambiado. Ha adoptado la tecnología como un aliado en aras de alcanzar mayor eficiencia y también como una base para ofrecer mejores servicios a sus clientes. Pero los cambios de los inversionistas han sido menores. Si bien ha habido algún grado de transformación, es doloroso aceptar que, en el frente de inversiones y servicios financieros, falta mucho para que podamos decir que aquí también ha ocurrido una democratización.

Nuestro país sigue siendo una economía donde hay un sector informal extraordinariamente grande; la población, por ende, se encuentra subbancarizada. Ni qué decir de servicios más «sofisticados», como instrumentos de inversión, donde aún hoy en día el nivel más complejo que suele considerarse es el de un fondo de inversión. Invertir en el mercado de deuda, en capitales, *commodities*, instrumentos estructurados, etcétera, pareciera todavía un universo lejano para el ciudadano común.

Estos primeros instrumentos, los fondos de inversión, han sido una herramienta extraordinaria en la evolución de los sistemas financieros internacionales. En México han tenido un crecimiento muy importante, pero no han llegado a ser el detonante que otras economías han aprovechado. Sí, las Afores y los sistemas de pensiones han puesto su granito de arena, pero en el gran contexto, es solo eso, un granito. Los demás instrumentos son opciones que un ciudadano promedio considera lejos de su alcance, pero si comparamos la penetración de estos y el tamaño de los mercados con el tamaño de la economía y de la población, es claro que hay mucho espacio para aprovechar.

Esto último es válido para ambas partes. Para las instituciones financieras existen vetas de negocio que deberían crecer explosivamente en el futuro cercano; y los inversionistas, sean empresas o personas físicas, podrían aprovechar una gama más amplia de instrumentos que les permitan obtener mejores rendimientos con un perfil de riesgo adecuado, u obtener financiamientos con costos mucho más competitivos.

¿Qué es lo que falta? ¿Cómo podemos hacer para que nuestro sistema financiero se desarrolle a la par de su potencial? Creo, sin miedo a equivocarme, que la solución es sencilla: educación.

Necesitamos más cultura financiera y conocimiento de los mercados entre los inversionistas individuales, a fin de que puedan considerar opciones de inversión más allá de un pagaré a plazo. Es necesario crear conciencia entre empresarios y emprendedores de que las opciones de financiamiento para las compañías son más diversas que un crédito bancario. Unir la necesidad de ahorro e inversión de las personas físicas con la necesidad de financiamiento de las empresas es, finalmente, cerrar el círculo que permitirá un desarrollo sano y armonioso del mercado.

Por supuesto, ver más allá de la «tasa libre de riesgo» para un inversionista individual requiere primero conocer sus opciones, entender cómo funcionan, y estudiar su operación y métodos para poder adquirirlas.

Llama la atención el desconocimiento sobre el mercado de capitales. Usualmente se le concibe como un espacio para especular o apostar, y no como un lugar en donde podemos comprar una proporción de empresas de acuerdo con lo que pensamos, como inversionistas, que será un buen negocio en el futuro. Al final del día es un mercado tal como el de la esquina, sujeto a las leyes de oferta y demanda y a los cambios en el entorno económico. Asimismo, tenemos que entender que, al convertirnos en dueños de una parte de la empresa que elegimos, tenemos la misma clase de derechos que los grandes socios, y también estamos al final de la fila en cuanto a las obligaciones comerciales, laborales, financieras y fiscales de «nuestra» empresa. Asumiendo que estos riesgos suponen un mayor rendimiento, tenemos que medirlos y decidir cuánto de nuestro dinero puede colocarse en este tipo de inversiones y cuánto en opciones menos volátiles. Conocer la teoría para construir un portafolio de inversión es útil aquí y nos ayudará a no encasillarnos en un solo tipo de activo, como el pagaré a plazo antes citado.

Carlos Ponce ha sido un promotor de las bondades de los mercados financieros desde hace muchos años pero, sobre todo, ha sido un impulsor de la cultura financiera en México. Lo ha hecho a través de su labor diaria como analista, mediante la publicación de un buen número de libros y también en su participación como docente en la máxima casa de estudios de nuestro país. Con él comparto el optimismo y entusiasmo sobre el futuro de los mercados financieros en México y, sobre todo, la visión de que es con educación con lo que verdaderamente lograremos avanzar hacia un sector financiero desarrollado en congruencia con su potencial. Es natural que la evolución de nuestra población y de la economía nos lleven de la mano hacia una mayor integración de la actividad productiva, regulación e inversión. Eso sí, aquellos que mejor lograrán aprovechar estas oportunidades serán quienes tengan un conocimiento, al menos básico, de cómo funcionan los mercados, qué ofrece cada tipo de instrumento de inversión y cómo balancear nuestras decisiones de inversión y financiamiento en un entorno dividido entre riesgo y rendimiento.

Estoy seguro de que sorprenderá y agradará nuestra alianza con SNX, Constructores de Patrimonio, que va más allá de esta biblioteca, porque tiene que ver con una forma de comunicar, actuar y servir con la que Actinver comulga, promueve, cree y, por lo tanto, apoya. Estoy seguro de que servirá de ejemplo para que se sumen mayores instituciones. ¡Ayudemos a las personas, mejoremos la industria, hagamos un mejor país!

Héctor Madero Rivero
Presidente de Grupo Financiero Actinver

Índice

3 **Tercera parte**
Capítulos de conocimiento

Carta de presentación

En BX+ estamos comprometidos con México y con el sistema financiero; por eso lanzamos la iniciativa de la Biblioteca BX+, con el objetivo de difundir conocimientos sobre las finanzas y sus mejores prácticas, además de distintos temas de interés, como la economía, el medioambiente y la responsabilidad social, entre otros.

Las sociedades que comprenden las finanzas se han desarrollado de forma mucho más exitosa que las demás. Los ejemplos abundan, en el caso del mercado accionario, podemos ver que los Países Bajos, tras la aparición de la Compañía de las Indias Orientales Unidas y de la primera Bolsa de Valores del mundo, donde se negociaba con las acciones y bonos de aquella, lograron independizarse en el siglo XVII y convertirse en una de las mayores potencias económicas de la época. Paralelamente surgió una población de inversionistas no solo interesados en los réditos, sino también en el porvenir de la empresa que los generaba.

Sobra decir que el concepto fue emulado en todo el orbe, pero hubo resultados diferentes para los que iniciaron y para los que llegaron después, para los que lo hicieron bien y los que no tanto.

El principio no ha variado sustancialmente después de cuatro siglos; sin embargo, los avances tecnológicos y la imaginación de los expertos financieros han hecho que el mercado de capitales ofrezca más alternativas y llegue a mucha más gente. Hoy en día es una realidad que cualquier persona, sin mayores recursos, puede participar en la compra-venta de acciones en el mercado, a través de intermediarios especializados, de forma directa o por medio de fondos de inversión.

Por lo anterior, una buena educación financiera es fundamental para que el potencial inversionista conozca y comprenda las distintas posibilidades de ahorro e inversión que tiene a su alcance, entendiendo que la Bolsa es una gran herramienta de ahorro a largo plazo, no un centro de apuestas, como erróneamente se la ha considerado.

En esta primera entrega, Carlos Ponce nos plantea, de manera práctica y sencilla, las formas correctas de participar en el mercado accionario.

Es un placer para mí presentar este magnífico trabajo, dentro del marco de la Biblioteca BX+. Cabe señalar que todas las regalías de nuestra Biblioteca son donadas a programas sociales a través de la Fundación Kaluz.

Antonio del Valle Perochena

Presidente del Consejo de Administración
de Grupo Financiero BX+

Prólogo

Una vez más Carlos Ponce Bustos nos presenta una obra llena de autenticidad que nos invita a pensar en las inversiones en Bolsa como una alternativa para construir un patrimonio en el largo plazo, con mejores rendimientos que en cualquier otra posibilidad.

Estudiar, trabajar y ahorrar... no es suficiente. ¡Invierte en Bolsa! es un título que de entrada atrapa nuestra atención porque nos invita a reflexionar ampliamente en nuestra forma de invertir.

Aunque en esencia la base de cualquier inversión es el ahorro, no significa que por ahorrar ya se tiene un futuro financiero resuelto. Hay inversiones que ofrecen rendimientos reales negativos cuando sus ganancias ni siquiera alcanzan la inflación; hay otras que con trabajos logran superar por muy poco la misma para ofrecer un rendimiento real positivo incipiente; sin embargo, hay otras que con el tiempo superan por mucho las anteriores y que nos ofrecen una alternativa para formar un patrimonio a largo plazo que nos permitirá tener un mejor futuro financiero.

La inversión en Bolsa con un enfoque estratégico y con la asesoría de los expertos, es la alternativa que Carlos Ponce nos presenta con un enfoque sólido que se soporta en la razón y en la experiencia que muchos inversionistas han encontrado para justificar la espera y la paciencia que han tenido para formar su patrimonio.

Considerar la alternativa de Bolsa como tal no es suficiente si no se acompaña de una metodología que permita disminuir el riesgo con una adecuada selección, distribución y momento de participación en los valores. Si se habla de inversiones de largo plazo, lo más recomendable es que se acompañen de un porcentaje en la Bolsa; porque con el tiempo ha sido, es y será la más rentable.

Esta obra nos ilustra sobre lo importante que es esta alternativa, que ahora sí está al alcance de muchos inversionistas, para construir un patrimonio más digno y decoroso en el transcurso de su vida productiva.

Este libro ha sido escrito por un experto financiero que tiene la virtud de comunicarse con sus lectores con un lenguaje claro y entendible para todos.

La obra que nos presenta Carlos Ponce contribuye a fomentar una cultura financiera, tan necesaria en nuestros días, porque nos brinda elementos para entender lo que son las diferentes inversiones y sus elementos de decisión. Es un libro que nos habla de los riesgos que se corren al invertir en diferentes alternativas; sobre la rentabilidad bursátil; sobre los planes de negocio, la paciencia en las inversiones, la diversificación, los precios objetivos de las acciones y su problemática, riesgos y rendimientos estimados, portafolios globales, y una variedad de conceptos y elementos financieros que sin duda nos ayudarán a saber más y a tomar mejores decisiones en la construcción de nuestro patrimonio.

Con la experiencia que ha tenido en el ámbito financiero nos presenta las metodologías que se siguen para hacer que el inversionista no entre a ciegas al mundo de las inversiones bursátiles y para que sepa que no es lo mismo apostar o jugar, que invertir; para que sepa que hay metodologías con estrategias que nos permiten tener cierto toque conservador dentro del riesgo para sentirnos más seguros al saber que incluso, en un momento difícil, el inversionista en Bolsa puede estar protegido.

Los invito a leer este libro escrito por un universitario brillante que ha sabido ejercer su profesión con un profundo sentido de responsabilidad hacia quienes brinda sus servicios. La autenticidad con la que escribe nos invita a pensar en la disciplina que debemos tener en nuestras inversiones, y en que sólo con el tiempo se puede construir un soporte financiero sólido cuando se hace de manera honesta como la alternativa que Carlos Ponce Bustos nos brinda en su obra.

Dr. Juan Alberto Adam Siade

Director de la Facultad de Contaduría y Administración
Universidad Nacional Autónoma de México

Introducción: seguir compartiendo

«Si buscas resultados distintos, no hagas siempre lo mismo».
Albert Einstein

La cita «Si buscas resultados distintos, no hagas siempre lo mismo» del genial Albert Einstein, también puede ser entendida y puesta en marcha en un sentido contrario: «Si algo está funcionando bien, no dejes de hacerlo».

Y fue sin duda dicho enfoque el motivo principal de este nuevo proyecto nuestro y digo bien –nuestro–, pues ha sido gracias al interés y a la aceptación de usted, amable lector, hacia proyectos anteriores (libros, seminarios, presencia en medios, competencias en universidades, reuniones directas entre emisoras con inversionistas, simuladores de inversión para adolecentes, etcétera), los cuales conforman un objetivo institucional y personal por difundir la realidad sobre la gran oportunidad que representa la inversión bursátil en México, que este libro pudo ser publicado.

Aunque el espíritu del libro invita una vez más a considerar la inversión en Bolsa como parte de un portafolio diversificado con objeto de construir un patrimonio a mayor plazo, el contenido y estructura del mismo es distinto. Aunque hago referencia a conceptos y metodologías comentadas con detalle en otros documentos, cuyos resultados han sido congruentes con el objetivo de dar prioridad al cuidado del riesgo sobre el rendimiento, lo que usted encontrará en las siguientes páginas es una selección de eventos sucedidos bajo distintos contextos en el mercado accionario (días de alza, de baja, de incertidumbre, de euforia, de moderación y de desesperanza profunda), traducidos en análisis, comentarios y opiniones, algunos de los cuales se publicaron de manera oportuna en notas y documentos del área de estrategia y análisis que he tenido la oportunidad y gusto de encabezar, y/o en columnas de periódicos y revistas en las que participo desde hace varios años y otros más que habían quedado hasta hoy únicamente en la memoria de los actores.

Me parece importante señalar que la selección del contenido de este libro la decidí no sólo por su autenticidad, sino por ser ciertamente situaciones recurrentes entre muchos participantes. Así que más allá del dato estadístico que pueda acompañar cada caso o la fecha referida, que puede parecer obsoleta, le recomiendo entender, recordar y capitalizar el enfoque y/o la experiencia del evento en sí.

Para facilitar el uso del libro bajo una óptica de lector *no tan apasionado*, dividí los capítulos en tres secciones relacionados con «Reflexiones», «Estrategias» y «Conocimientos».

El tamaño de cada capítulo es distinto, pero en general son breves y no requieren de un orden o secuencia en su lectura para su entendimiento. Cada capítulo por sí solo ofrece una historia, así que siéntase con la confianza de abrir cualquier capítulo.

La esencia del contenido en los capítulos bien podría resumirse en tres aspectos:

Primero, el reconocimiento absoluto de quien esto escribe, de la *necesidad de capitalizar un proceso de aprendizaje permanente*. Y aunque esto aplica a cualquier disciplina, para la inversión bursátil es especialmente importante. Un buen maestro mío me recordaba una y otra vez que no sobreviven los más fuertes, sino los que mejor se adaptan.

Sigo convencido de que los tres ingredientes de éxito para quien busca construir un patrimonio a través de la inversión en Bolsa son: 1) conocimiento básico, 2) metodología de inversión, y 3) disciplina. Y hablando de aprendizaje permanente, me doy cuenta de que la paciencia es también una virtud (ingrediente adicional) indispensable, sobre todo en periodos de alta incertidumbre como los que han caracterizado al mercado accionario en los últimos años (revisé este texto a mediados de 2012).

Segundo, un respeto absoluto a los distintos estilos de inversión, perfiles y tipos de participantes. Aunque he atestiguado el enorme malestar de inversionistas quienes aparentemente dijeron tener una aceptación importante del riesgo y un horizonte de largo plazo, para después desmentirse durante épocas de ciclos de baja (cometiendo además muchos errores), también he visto a varios con muy buenos rendimientos a costa de mayores riesgos.

Hace un par de años, me resultó sumamente interesante el resultado de una encuesta realizada a un grupo representativo de clientes nuestros, quienes al señalar los elementos que les resultaban más importantes para decidir canalizar su inversión hacia una institución, el *rendimiento ofrecido* apareció en tercer lugar. El primero fue el servicio y el segundo elemento... ¡el análisis y la estrategia propuesta! Más allá de la agradable sensación que confieso sentí al saber que el trabajo de un analista es reconocido, el resultado validó la tesis de que dar prioridad al cuidado del riesgo sobre la búsqueda absoluta del rendimiento debe ser el mejor camino para el inversionista en Bolsa.

Recuerde que el riesgo en Bolsa no es igual para todos los que participan en el mercado accionario, el riesgo dependerá de la manera en que usted: 1) seleccione correctamente emisoras, 2) diversifique inteligentemente su portafolio, y 3) decida el momento de participar o no.

Tercero, la selección del contenido del libro identificó experiencias realmente útiles para participantes que no son expertos en el mercado accionario y/o que posiblemente no estudiaron una carrera relacionada con economía, finanzas, contabilidad y/o administración;

pero que como cualquier otra persona, necesitan saber invertir. Es por ello que las categorías de la mayoría de las notas que sirvieron de fuente para este libro pertenecieron a categorías identificadas como: «TUTORIALES» o «PARA AYUDAR», pues las diseñé con un propósito didáctico para no especialistas y de alto contenido reflexivo. Actualmente sigo publicando notas con este enfoque, ahora bajo la categoría «MENTOR» o «ROMPECABEZAS».

En este libro seguramente usted no encontrará todas las respuestas para la inversión bursátil... ¡No se preocupe! Usted no necesita saberlas pues no es un especialista en el tema. Sin embargo, estoy seguro de que este texto le servirá para poder plantear más y mejores preguntas la primera, próxima o siguiente vez que usted tenga a un estratega, analista o asesor de Bolsa enfrente, quien sí debe ser un especialista.

Por último, lo que no pude evitar, fue incluir nuevamente al inicio de cada capítulo, una cita o frase relacionada con el tema, lo hago desde la universidad, en todas mis publicaciones y presentaciones profesionales, las comparto incluso con mis amigos y familia, sobre todo con mi papá. Me han dicho que les gusta y como ya comenté...

«Si algo está funcionando bien, no dejes de hacerlo».

Carlos Ponce Bustos

Primera parte
Capítulos de reflexión

1

¿Por qué estudiar, trabajar y ahorrar no es suficiente?

«El dinero no da la felicidad, pero procura una sensación tan parecida, que necesita un especialista muy avanzado para verificar la diferencia».
Woody Allen

Hacia mediados de 2009 (en plena recuperación de los mercados luego de la crisis de 2008), atendí la solicitud de un cliente de León, Guanajuato, quien quería conocer meses antes de su jubilación cuánto podría disponer del ahorro de toda su vida para inversiones un poco más riesgosas. La idea era invertir en Bolsa la cantidad que le *sobrara*, luego de conocer qué monto invertiría en una alternativa segura, cuyos intereses fijos le permitieran mantener un buen nivel de vida.

Para responder dicha solicitud, preguntamos cuál sería su necesidad de ingreso mensual tomando en cuenta que se trataba de una persona que vive únicamente con su esposa, en una casa propia y sin dependientes económicos... ¡Alrededor de 50,000.00 pesos al mes, respondió!

Dicha cantidad podría resultar alta para muchos, sin embargo, no lo es tanto si consideramos que un seguro médico para una persona de esa edad en nuestro país bien puede costar 500,000.00 pesos al año o 41,666.00 pesos al mes. Además, para alguien que ha trabajado cincuenta años de su vida es más que justo aspirar a un ingreso producto del ahorro (inversión) que permita un retiro tranquilo, unas vacaciones decorosas y algún otro *gustito* de vez en vez.

El asunto es que para un ingreso mensual de 50,000.00 pesos con las tasas efectivas anuales (luego de impuestos) actuales de 4% nuestro cliente requeriría un monto de ahorro acumulado de ¡16,000,000.00 de pesos! El resto se podría *arriesgar* en Bolsa en busca de un mejor rendimiento.

Lo lamentable del suceso, es que el cliente no contaba con dicha cantidad. Pese a los muchos años de gran preparación, arduo trabajo y disciplina de ahorro en instrumentos «tradicionales de deuda» (Cetes, pagarés, etcétera), el cliente había acumulado menos que esa cantidad.

Al final de la plática, buscando retroalimentación y algún elemento reflexivo de corte esperanzador el cliente se preguntaba «¿qué me faltó?, ¿qué hice mal?, ¿en qué fallé?... Estudié en una buena universidad, tengo una maestría, ahorré y trabajé duro».

Luego de analizar algunas tablas estadísticas sobre los resultados históricos entre distintas alternativas, concluimos que de haber destinado hace tiempo una parte de su ahorro al mercado accionario, hubiese alcanzado sin problemas los 16,000,000.00 de pesos.

Su consuelo fue suponer que las actuales tasas de interés efectivas de 4% eventualmente podrían comenzar a subir, aunque lo cierto es que la inflación seguramente también acompañará dicho avance.

El documento que acompañó aquel evento se tituló «La última llamada» con un claro y evidente doble sentido... Fue en su momento, la última llamada que habíamos tenido esa jornada laboral, pero era también una llamada de atención a todos aquellos que han vivido ajenos a la inversión bursátil, para no dejar pasar más tiempo, sobre todo por falta de información.

Tarde o temprano, todos enfrentaremos esa situación, y aunque el aspecto económico dista mucho de ser lo más importante en opinión de este autor, la realidad es que si logramos cierto bienestar económico, entonces podemos ocuparnos de lo verdaderamente importante.

El documento original incluyó la siguiente matriz (Cuadro 1.2.) con distintos escenarios de tasas de interés efectivas (luego de impuestos) anuales y montos de inversión total. Las coordenadas entre ambas variables indican el ingreso mensual correspondiente.

Previo a la matriz, realizamos un ejercicio que analiza distintos perfiles de individuos con una edad cercana a su retiro con el objeto de identificar la necesidad de ingresos mensuales, en el entendido de que el mejor ejercicio será aquel que usted puede hacer de manera individual (personal).

1. ¿Cuánto gasto?

Este cuadro puede ser muy discutible, pero resulta necesario como referencia o punto de partida. La cantidad y costo de cada concepto se hizo a partir de una encuesta real con precios recientes, sin embargo, cada individuo es distinto, por lo que habrá que tomarse como una guía para que cada uno realice su presupuesto personal.

El cuadro propone cuatro distintos perfiles a partir del nivel de gasto posible o deseado: moderado, normal, cómodo y lujoso.

Los gastos se clasificaron a su vez en categorías: básico, salud, diversión y otros.

Cuadro 1.1. Presupuesto personal

Categoría	Concepto	Perfil del retirado (Jubilado)			
Gasto	de gasto	Moderado	Normal	Cómodo	
Básico	Despensa	$2,000	$4,000	$8,000	$12,000
	Renta casa	$8,000	x	x	x
	Predial*	x	$500	$1,000	$2,000
	Mantenimiento	$1,000	$2,000	$8,000	$15,000

	Luz	$400	$800	$2,000	$4,000
	Gas	$400	$800	$1,000	$2,000
	Agua (semestral)	$200	$400	$600	$800
	Teléfono	$400	$800	$1,200	$2,000
	Celular	$200	$1,000	$3,000	$5,000
	Ropa / zapatos	$1,000	$3,000	$5,000	$15,000
	Servidumbre	$1,000	$2,000	$5,000	$20,000
	Gasolina / transporte	$1,000	$2,000	$3,000	$5,000
	Mantenimiento automóvil*	500	$1,000	$2,000	$4,000
	Cambio de auto (c/5 años)*	$1,500	$4,000	$6,000	$7,000
	Tenencia (anual)*	$250	$1,250	$2,500	$3,500
	Seguro de auto (anual)*	$350	$1,250	$2,000	$3,000
Salud	Seguro de vida*	$1,000	$5,000	$8,500	$10,000
	Gastos médicos*	$800	$1,000	$2,000	$20,000
	Seguro médico*	$1,000	$5,000	$8,500	$10,000
	Medicinas	$2,000	$2,500	$3,500	$5,000
Diversión	Gimnasio-club*	$2,000	$4,000	$8,000	$15,000
	Viajes*	$2,000	$4,000	$7,000	$15,000
	TV de paga	$500	$1,200	$2,000	$3,000
	Internet	$300	$400	$600	$800
	Comidas fuera de casa	$6,000	$12,000	$20,000	$30,000
Otros	Arreglo personal	$1,000	$2,000	$4,000	$6,000
	Regalos	$2,000	$3,000	$4,000	$6,000
	Pasatiempos-*hobbies*	$1,000	$2,000	$4,000	$8,000
TOTAL		$37,800	$66,900	[illegible]	

Notas: * Los cálculos son hechos para un jefe de familia y considera los gastos de la pareja. **Se calculan los datos de manera anual y se dividen entre doce para hacerlos comparables de manera mensual. Los cuadros que se presentan han sido elaborados por el autor a lo largo de su trayectoria profesional.

2. ¿Cuánto necesito tener invertido?

La siguiente matriz complementa el cuadro anterior y sirve para identificar distintas combinaciones entre montos de inversión total y tasas de interés efectivas (luego de impuestos).

El cuadrante de ambas variables indica el interés mensual que genera el monto seleccionado en el primer renglón con la tasa correspondiente en la primera fila (tasa efectiva).

La matriz se dividió por rangos de ingresos mensuales tomando como base los resultados del cuadro de perfiles de la sección anterior.

Ejemplos:

Para un monto de 14,000,000.00 de pesos, una tasa de interés efectiva de 4% anual (actual) origina un ingreso mensual (interés) de 46,670.00 pesos, equivalente a un perfil moderado de jubilado.

Para un monto de 20,000,000.00 de pesos, una tasa de interés efectiva de 5% anual origina un ingreso mensual (interés) de 83,330.00 pesos, equivalente a un perfil normal de jubilado.

Para un monto de 26,000,000.00 de pesos, una tasa de interés efectiva de 6% anual origina un ingreso mensual (interés) de 130,000.00 pesos, equivalente a un perfil cómodo de jubilado.

Para un monto de 30,000,000.00 de pesos, una tasa de interés efectiva de 9% anual origina un ingreso mensual (interés) de 225,000.00 pesos, equivalente a un perfil lujoso de jubilado.

El cuadro considera como tasa de interés efectiva más baja, la que actualmente existe en el mercado (4.75% nominal y 4% efectiva) al considerar que difícilmente podrán caer más (una mayor caída implica fuertes tasas reales negativas –sin inflación– que las hacen poco sostenibles).

Cuadro 1.2. Matriz de ingreso mensual al combinar monto de inversión total con tasa de interés

Tasa	Monto de inversión total (miles de pesos)														
Perfil						Moderado				Normal					
Efect.	2,000	4,000	6,000	8,000	10,000	12,000	14,000	16,000	18,000	20,000	22,000	24,000	26,000	28,000	30,000
4%	6.67	13.33	20.00	26.67	33.33	40.00	46.67	53.33	60.00	66.67	73.33	80.00	86.67	93.33	100.00
4.5%	7.50	15.00	22.50	30.00	37.50	45.00	52.50	60.00	67.50	75.00	82.50	90.00	97.50	105.00	112.50
5%	8.33	16.67	25.00	33.33	41.67	50.00	58.33	66.67	75.00	83.33	91.67	100.00	108.33	116.67	125.00
5.5%	9.17	18.33	27.50	36.67	45.83	55.00	64.17	73.33	82.50	91.67	100.83	110.00	119.17	128.33	137.50
6%	10.00	20.00	30.00	40.00	50.00	60.00	70.00	80.00	90.00	100.00	110.00	120.00	130.00	140.00	150.00
6.5%	10.83	21.67	32.50	43.33	54.17	65.00	75.83	86.67	97.50	108.33	119.17	130.00	140.83	151.67	162.50
7%	11.67	23.33	35.00	46.67	58.33	70.00	81.67	93.33	105.00	116.67	128.33	140.00	151.67	163.33	175.00
7.5%	12.50	25.00	37.50	50.00	62.50	75.00	87.50	100.00	112.50	125.00	137.50	150.00	162.50	175.00	187.50
8%	13.33	26.67	40.00	53.33	66.67	80.00	93.33	106.67	120.00	133.33	146.67	160.00	173.33	186.67	200.00
8.5%	14.17	28.33	42.50	56.67	70.83	85.00	99.17	113.33	127.50	141.67	155.83	170.00	184.17	198.33	212.50
9%	15.00	30.00	45.00	60.00	75.00	90.00	105.00	120.00	135.00	150.00	165.00	180.00	195.00	210.00	225.00
9.5%	15.83	31.67	47.50	63.33	79.17	95.00	110.83	126.67	142.50	158.33	174.17	190.00	205.83	221.67	237.50
10%	16.67	33.33	50.00	66.67	83.33	100.00	116.67	133.33	150.00	166.67	183.33	200.00	216.67	233.33	250.00
10.5%	17.50	35.00	52.50	70.00	87.50	105.00	122.50	140.00	157.50	175.00	192.50	210.00	227.50	245.00	262.50
11%	18.33	36.67	55.00	73.33	91.67	110.00	128.33	146.67	165.00	183.33	201.67	220.00	238.33	256.67	275.00
11.5%	19.17	38.33	57.50	76.67	95.83	115.00	134.17	153.33	172.50	191.67	210.83	230.00	249.17	268.33	287.50
12%	20.00	40.00	60.00	80.00	100.00	120.00	140.00	160.00	180.00	200.00	220.00	240.00	260.00	280.00	300.00
12.5%	20.83	41.67	62.50	83.33	104.17	125.00	145.83	166.67	187.50	208.33	229.17	250.00	270.83	291.67	312.50
13%	21.67	43.33	65.00	86.67	108.33	130.00	151.67	173.33	195.00	216.67	238.33	260.00	281.67	303.33	325.00
13.5%	22.50	45.00	67.50	90.00	112.50	135.00	157.50	180.00	202.50	225.00	247.50	270.00	292.50	315.00	337.50
14%	23.33	46.67	70.00	93.33	116.67	140.00	163.33	186.67	210.00	233.33	256.67	280.00	303.33	326.67	350.00
14.5%	24.17	48.33	72.50	96.67	120.83	145.00	169.17	193.33	217.50	241.67	265.83	290.00	314.17	338.33	362.50
15.0%	25.00	50.00	75.00	100.00	125.00	150.00	175.00	200.00	225.00	250.00	275.00	300.00	325.00	350.00	375.00
		Moderado	Normal		Cómodo				Lujoso						

3. ¿Por qué en Bolsa?

Para concluir la reflexión de la nota que respondió a aquella última llamada, presentamos un cuadro que compara durante distintos periodos en los últimos 23 años (de 1986 hasta 2008) las ganancias acumuladas entre:

1) una inversión en Cetes a 28 días (promedios mensuales capitalizados),

2) la inversión en el Índice de Precios y Cotizaciones (IPyC) todo el tiempo, y

3) la inversión en el mismo IPyC, pero contemplando una estrategia *teórica* de participación o no participación (fuera del mercado), a partir del empleo consistente de un indicador que *reacciona oportunamente* ante posibles cambios de tendencia conocido como Estrategia de Tendencias (ET), basado principalmente en el empleo de promedios móviles de treinta días y diez días según la volatilidad del mercado.

El cuadro incluye el monto acumulado que se obtuvo luego de cierto número de años correspondiente (de 1 a 23) con una inversión inicial (original) de 100,000.00 pesos al inicio de cada año.

El resultado refleja un promedio de casi dos veces más en la inversión bursátil, el cual considera haber permanecido invertido incluso en los años difíciles (como 2008 por ejemplo) y más de diez veces cuando se incorpora una metodología de manera disciplinada para maximizar resultados a largo plazo (pero sobre todo para minimizar riesgos).

El resultado es contundente. Así ha sido en el pasado y así será. Una buena preparación académica, un trabajo honesto y arduo combinado con una disciplina de ahorro tradicional no es suficiente para construir un patrimonio que permita mantener el bienestar en los años de retiro. El complemento es una buena decisión de inversión que nos acompañe en nuestra vida activa laboral.

La percepción de inversión en Bolsa ha sido equivocada históricamente y es peligrosa cuando se realiza sin el conocimiento, la metodología y la disciplina adecuada y con una visión de largo plazo. No obstante, puede ser una gran aliada en el objetivo patrimonial... ¡No pierda tiempo!

Cuadro 1.3. Comparativo de resultados Cetes vs. IPyC con ET

Años	Periodo	IPyC	IPyC con ET	Cetes	IPyC /Cetes	ET/ Cetes	Prom IPyC/ Ct	Prom ET / Ct
1986	23 años	199,877,824	2,998,083,000	43,275,699	4.62x	69.28x	4.62x	69.28x
1987	22 años	47,516,603	643,985,000	18,622,873	2.55x	34.58x	3.59x	51.93x
1988	21 años	21,179,445	125,366,000	7,384,903	2.87x	16.98x	3.35x	40.28x
1989	20 años	10,580,211	56,982,000	3,779,133	2.80x	15.08x	3.21x	33.98x
1990	19 años	5,342,258	28,429,000	2,430,235	2.20x	11.70x	3.01x	29.52x
1991	18 años	3,559,268	17,433,000	1,724,307	2.06x	10.11x	2.85x	26.29x
1992	17 años	1,563,461	8,168,000	1,424,205	1.10x	5.74x	2.60x	23.35x
1993	16 años	1,272,014	5,879,000	1,219,492	1.04x	4.82x	2.41x	21.03x
1994	15 años	859,912	3,581,000	1,051,353	0.82x	3.41x	2.23x	19.08x
1995	14 años	942,067	2,888,000	913,924	1.03x	3.16x	2.11x	17.48x
1996	13 años	805,491	1,900,000	567,941	1.42x	3.35x	2.05x	16.20x
1997	12 años	665,877	1,639,000	416,881	1.60x	3.93x	2.01x	15.18x
1998	11 años	427,975	1,190,970	342,323	1.25x	3.48x	1.95x	14.28x
1999	10 años	565,208	1,286,680	268,481	2.11x	4.79x	1.96x	13.60x
2000	9 años	313,895	615,800	217,272	1.44x	2.83x	1.93x	12.88x
2001	8 años	395,958	616,480	186,591	2.12x	3.30x	1.94x	12.28x
2002	7 años	351,214	575,270	166,887	2.10x	3.45x	1.95x	11.76x
2003	6 años	365,268	547,080	155,480	2.35x	3.52x	1.97x	11.31x
2004	5 años	254,458	371,410	146,097	1.74x	2.54x	1.96x	10.84x
2005	4 años	173,251	260,730	136,505	1.27x	1.91x	1.92x	10.40x
2006	3 años	125,713	189,070	124,571	1.01x	1.52x	1.88x	9.97x
2007	2 años	84,619	125,600	115,962	0.73x	1.08x	1.83x	9.57x
2008	1 año	75,771	105,650	107,941	0.70x	0.98x	1.78x	9.20x

Fuente: Bolsa Mexicana de Valores (BMV) / Banco de México (Banxico).

2 Dimensión desconocida

«La primera vez que me engañes, será culpa tuya;
la segunda vez, la culpa será mía».
Proverbio árabe

Una y otra vez al escuchar los noticieros durante las muchas horas que los capitalinos pasamos atrapados en el tráfico, me sorprende la manera en que los *especialistas* califican el comportamiento bursátil de la jornada: «La Bolsa tuvo hoy una ganancia marginal de 0.5%», acto seguido, las cotizaciones del dólar, del euro, del oro, del petróleo y un par de cifras más.

Una y otra vez me resulta imposible entender la manera en que minimizan una variación porcentual de 0.5% en una jornada (¡un día!) al calificarla de *marginal*. Parece que no se dan cuenta que dicha variación diaria equivale en realidad a un interés nominal anualizado de 180%. Para darle a esta cifra una *dimensión justa*, basta señalar que este rendimiento equivale a esperar casi treinta años para poder tener un rendimiento similar en un instrumento tradicional que ofrece una ganancia anual de 6%.

Y mire usted que el cálculo para la equivalencia en tiempo que señalo la propongo con una tasa de 6% cuando en realidad el Cete a 28 días al momento de escribir este capítulo se sitúa en 4.5% que después de impuestos es menos de 4%.

Este tipo de desinformación es la que abona al desinterés y poco crecimiento del mercado accionario.

A continuación una matriz cuyas coordenadas indican la equivalencia del rendimiento anualizado obtenido por el movimiento del IPyC en un número de días (plazo) determinado.

Cuadro 2.1. Rendimientos anualizados

		Rendimiento en plazo						
Días	**Plazo**	**0.20%**	**0.30%**	**0.50%**	**1.00%**	**1.50%**	**2.00%**	**3.00%**
1	Día	72.00%	108.00%	180.00%	360.00%	540.00%	720.00%	1080.00%
3		24.00%	36.00%	60.00%	120.00%	180.00%	240.00%	360.00%
5	Semana	14.40%	21.60%	36.00%	72.00%	108.00%	144.00%	216.00%
10		7.20%	10.80%	18.00%	36.00%	54.00%	72.00%	108.00%
15	Quincena	4.80%	7.20%	12.00%	24.00%	36.00%	48.00%	72.00%
30	Mes	2.40%	3.60%	6.00%	12.00%	18.00%	24.00%	36.00%
60	Semestre	1.20%	1.80%	3.00%	6.00%	9.00%	12.00%	18.00%
90	Trimestre	0.80%	1.20%	2.00%	4.00%	6.00%	8.00%	12.00%
180	Semestre	0.40%	0.60%	1.00%	2.00%	3.00%	4.00%	6.00%

Después de esta matriz se presenta otra similar que traduce el rendimiento anualizado equivalente en el tiempo que tardaría en ofrecer un rendimiento similar una alternativa de deuda que supone una tasa de 6% sin capitalizar.

Ejemplo en matriz: el índice bursátil gana 2% en una semana (cinco días). La tasa anualizada en realidad equivale a 144%. ¡Dicha tasa equivaldría a la tasa que ofrece un instrumento de deuda pagando 6% anual en un plazo de casi cuarenta años!

¿Pero también aplica a la baja?

¡Por supuesto! Por ello la insistencia de dar prioridad al cuidado del riesgo sobre el rendimiento en estrategias relacionadas con este mercado.

Acuérdese de esto y anualice el rendimiento señalado la próxima vez que escuche o lea sobre una variación *mínima* de la Bolsa en un plazo determinado.

Cuadro 2.2. Equivalencia en años con una tasa anual de 6%

		Rendimiento en plazo						
Días	**Plazo**	**0.20%**	**0.30%**	**0.50%**	**1.00%**	**1.50%**	**2.00%**	**3.00%**
1	Día	12.00	18.00	30.00	60.00	90.00	120.00	180.00
3		4.00	6.00	10.00	20.00	30.00	40.00	60.00
5	Semana	2.40	3.60	6.00	12.00	18.00	24.00	36.00
10		1.20	1.80	3.00	6.00	9.00	12.00	18.00
15	Quincena	0.80	1.20	2.00	4.00	6.00	8.00	12.00
30	Mes	0.40	0.60	1.00	2.00	3.00	4.00	6.00
60	Semestre	0.20	0.30	0.50	1.00	1.50	2.00	3.00
90	Trimestre	0.13	0.20	0.33	0.67	1.00	1.33	2.00
180	Semestre	0.07	0.10	0.17	0.33	0.50	0.67	1.00

3

El contexto vs. la estrategia

«El tiempo es el único capital de aquellos que sólo
poseen la fortuna de su inteligencia».
Honoré de Balzac

He aquí una realidad que aunque difícil de aceptar, importante de guardar. También tiene que ver con la manera en que hacia finales de julio de 2010, comenzó a ser frecuente el desánimo de algunos participantes en Bolsa que al llevar a cabo distintas estrategias y metodologías de inversión sus rendimientos no estaban siendo los mejores en los últimos años.

Imposible entender un resultado *pobre* luego de tres años, cuando un plazo de dicha duración atiende sin duda a un horizonte de largo plazo en el que estadísticamente los buenos resultados en Bolsa deberían haberse dado.

Al analizar puntualmente lo sucedido en esos tres años (del 28 de julio de 2007 al 28 de julio de 2010), resultó que el IPyC había aumentado únicamente 8.5%, equivalente a 3% anual (muy poco e incluso menos que la inflación acumulada en el periodo) y que un número importante de emisoras en el mismo periodo observaban aún caídas en sus precios de más de 20% y 30%. Aunque algunos participantes tipo *traders* (estrategias de muy corto plazo basadas en el comportamiento de precios y no tanto en fundamentales) ganaban dinero, el riesgo asociado había resultado muy alto.

Independientemente del origen no poco importante detrás de aquel resultado (la crisis de 2008, seguida por la incertidumbre de una doble recesión en 2010 asociada a los altos déficits fiscales del llamado grupo de países de Europa PIIGS [Portugal, Irlanda, Italia, Grecia y España], a la desaceleración económica de EE.UU. luego del abandono de algunos estímulos de crecimiento y al también *aparente* menor ritmo que China decidía llevar a cabo), lo importante era darse cuenta que muchas de las metodologías no estaban siendo equivocadas en su enfoque (sobre todo aquellas que buscaban priorizar el riesgo participando o no al momento de identificar y definir tendencias), sino que el propio mercado no estaba permitiendo una tendencia (movimiento definido de alza o baja) ante un escenario sumamente incierto.

Seguramente estábamos en presencia de un ciclo de mercado más largo en falta de tendencia y por ello el ingrediente de paciencia resultaba indispensable.

1. Detrás de la indefinición

Como en cualquier otro mercado, el predominio de la oferta o demanda propicia una dirección en la Bolsa de Valores. La oferta o demanda a su vez, se origina por la interpretación (perspectiva) que los participantes llevan a cabo de distintas variables de tipo fundamental, estructural, psicológico y técnico. Sin embargo, cuando estas variables no predominan en un sentido positivo o negativo, surgen periodos *laterales* de diferente magnitud (volatilidad y duración) como sinónimo de incertidumbre. Estadísticamente, en México la proporción histórica de periodos *laterales* respecto a tendencias (alzas o bajas) es de 25%.

Hasta el mes de agosto de 2010, el índice bursátil en México presentaba gran indefinición (incertidumbre).

El siguiente cuadro comparte las variables de mayor atención identificadas entre los inversionistas en aquel momento. El balance entre ellas (argumentos positivos y negativos) estaba detrás del movimiento lateral.

Cuadro 3.1. Variables relevantes para inversionistas

Tipo de variable	Positivo	Negativo
Fundamental	• Tasas de interés bajas se mantendrán varios meses (Mex. 3T11 y EE.UU. 2012). • Buenos resultados financieros en general de las empresas en Bolsa. • Valuaciones *justas* en México y atractivas en EE.UU vs. promedios históricos de múltiplos. • La desaceleración de EE.UU. no se relaciona con la crisis de Europa, sino con el abandono de estímulos. • Aunque con un menor ritmo, la recuperación económica de EE.UU. se lleva a cabo. • Las bajas tasas de interés originan liquidez o préstamos que se traducen en fusiones y adquisiciones en distintos sectores. • En octubre, México entra al índice de bonos internacional de Citigroup. • Japón inicia programa de estímulos para crecimiento en septiembre de 2010. • Las elecciones de Brasil en octubre (3) podrían originar envío temporal de flujos a México por una *precaución* natural ante el cambio en el poder.	• Clara evidencia de desaceleración económica en EE.UU. para próximos meses (hasta 2011). • Se reconoce una tasa de desempleo alta en EE.UU. por varios meses (9-10%). • El nivel de confianza en EE.UU. no mejora de manera que *rompa* el círculo vicioso de consumo (recuperación económica). • Comparativo de crecimiento menos *fácil* para el 2S10 en cifras económicas y corporativas. • La crisis se traduce en menor captación y préstamos, afectando negativamente al sector financiero (en EE.UU. han quebrado 118 bancos en 2010 y 140 en 2009). • Europa mantendrá dificultades y el ritmo de mejora (reducción de déficit fiscal) será muy gradual. • El año 2011 inicia con un nuevo impuesto en EE.UU. para las empresas en Bolsa que pagan dividendos. • En 2011 vence para EE.UU. una importante cantidad de préstamos conocidos como ARM (*Adjusted Rate Mortgages*) cuyo cumplimiento depende en gran medida del nivel de empleo en ese país.

Estructural	• México es el 8º país de mayor peso en la categoría de mercados emergentes. • El cambio en el método y tiempo en la muestra del IPyC (ahora en septiembre) ha sido parcialmente descontado desde hace varios meses. • Con pocas emisoras cotizando en Bolsa en México, cualquier demanda se traduce en fuerte recuperación de precios.	• Septiembre y octubre tradicionalmente difíciles para las Bolsas por el cierre de libros que llevan a cabo muchos fondos de inversión internacionales. • México es el mercado emergente de mayor correlación con EE.UU.
Psicológico	• Mejora gradual en Europa aleja escenario de doble recesión mundial. • Europa no ha sido una región de especial apoyo en el crecimiento económico mundial. El grupo de países emergentes BRIC (Brasil, Rusia, India y China) su PIB crece +7%, mientras que el resto de los emergentes lo hacen a poco más de 2%.	• Las posibilidades de nuevos estímulos desde EE.UU. son más limitadas luego de todo lo realizado en 2008-09 (baja en tasas, estímulos fiscales, rescate de sectores, etcétera). • Atención (incertidumbre) por cercanía de elecciones de medio término en EE.UU. (noviembre 2) donde cambia toda la Cámara de Representantes, un tercio del Senado (100) y 38 gobernadores. • La tasa de ahorro en EE.UU. es históricamente alta y confirma el poco consumo que hoy llevan a cabo los norteamericanos. El crecimiento de EE.UU. depende en más de 70% del consumo interno. • Inversionistas internacionales expresan interés por emergentes con índices en Bolsa de fuerte relación con *commodities* y/o indicadores de recuperación en consumo interno. • Aunque el contexto de creciente inseguridad y violencia en México aún no afecta el comportamiento del mercado accionario, empieza a ser identificado por un mayor número de participantes internacionales.
Técnico	• Índices bursátiles en general muy cerca de *pisos* técnicos.	• La caída en la Bolsa de México este año acumula una baja en dólares porcentualmente menor que otras Bolsas.

2. Evolución del IPyC en tres años

La gráfica siguiente recuerda la difícil condición del mercado accionario en México del 27 de julio de 2007 al 27 de julio de 2010 (tres años). El índice bursátil superó apenas los máximos de 2007 registrados hacia mediados de abril de 2010. En tres años el avance fue de 9.9%, equivalente a menos de 3.5% al año.

Aunque las variaciones anuales indicaban recuperaciones importantes (43.52% en 2009), existió una *ilusión estadística* (ver sección «Conocimiento») relacionada con los bajos precios de comparación.

Por otra parte, si bien hubo una fuerte recuperación desde los mínimos de octubre de 2008 y de 1T09, muchos inversionistas presentaban importantes minusvalías al haber quedado *atrapados* en la baja de 2008.

Llamó la atención la mejor valuación (múltiplo FV/Ebitda) del mismo IPyC en los últimos tres años como resultado de una mejor condición en los resultados financieros de las empresas más importantes en Bolsa *vs.* la economía mexicana en su conjunto (Producto Interno Bruto [PIB]).

Cuadro 3.2. Comparativo IPyC 2007-2010 (índice vs. múltiplo FV/ Ebitda)

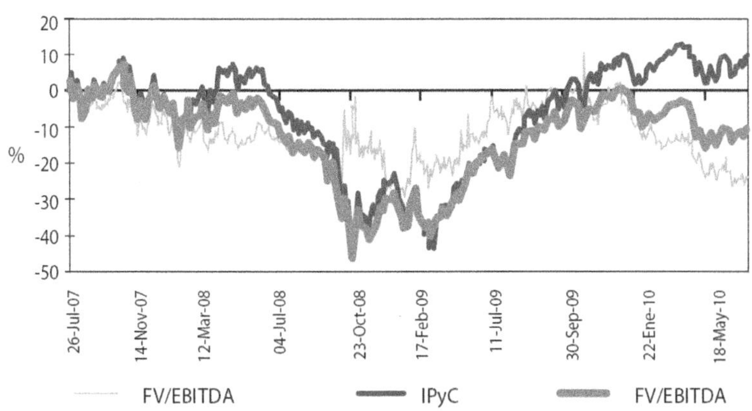

	Máximo	Promedio	Mínimo	Actual
IPyC	**34,134.23**	**27,822.09**	**16,868.66**	**32,958.89**
Var. % desde máximo		-18.49%	-50.58%	**-3.44%**
Var. % *vs.* promedio	22.69%		-39.37%	**18.46%**
Var. % desde mínimo	102.35%	64.93%		**95.39%**
FV/EBITDA	**9.97**	**8.07**	**5.04**	**8.29**
Var. % desde máximo		-19.05%	-49.44%	**-16.85%**
Var. % *vs.* promedio	23.53%		-37.54%	**2.72%**
Var. % desde mínimo	97.78%	60.10%		**64.45%**

Fuente: BMV.

3. Los últimos tres años por emisora

Una forma inequívoca de evaluar mejor el difícil comportamiento bursátil de los últimos tres años es comparar los precios actuales de una muestra amplia de emisoras respecto a su precio de hace tres años.

El cuadro siguiente recuerda emisoras cuyos precios aquel 28 de julio de 2010 eran menores a los de hace tres años. Aunque el IPyC observó un avance de 8.49%, en muchas emisoras, las diferencias (caídas) son de más de 30%.

Cuadro 3.3. Comparativo IPyC por emisora 2007-2010

EMISORA	VAR% 3A	PRECIO 28/Jul/10	PRECIO 3ª 28/Jul/07
IPyC	**8.49%**	**32,802.29**	**30,235.17**
C *	-89.77%	53.10	518.91
Gmd *	-85.49%	7.40	51.00
Sare B	-83.61%	2.97	18.12

Cie B	-80.00%	5.80	29.00
Axtel CPO	-70.07%	7.98	26.66
Gfamsa A	-67.33%	18.83	57.63
Cemex CPO	-65.38%	12.35	35.67
Vitro A	-64.73%	10.93	30.99
Cel *	-63.40%	49.05	134.00
Pasa B	-62.33%	11.49	30.50
Comerci UBC	-59.93%	11.94	29.80
Cmr B	-57.88%	3.37	8.00
Ica *	-51.02%	31.68	64.68
Gruma B	-50.07%	20.08	40.22
Gissa *	-49.97%	9.38	18.75
Ara *	-48.78%	8.16	15.93
Gcc *	-46.86%	43.89	82.59
Pappel *	-45.36%	10.60	19.40
Cicsa B-1	-44.81%	7.02	12.72
Lamosa *	-42.55%	13.50	23.50
Urbi *	-41.97%	25.41	43.79
Oma B	-41.84%	21.23	36.50
Geo B	-41.6%	34.53	59.13
Homex *	-40.4%	61.35	102.93
Simec B	-31.24%	30.72	44.68
Alsea *	-31.11%	12.78	18.55
Pinfra *	-28.75%	29.20	40.98
Gap B	-20.81%	41.97	53.00
Telmex L	-20.23%	9.19	11.52
Cmoctez *	-18.46%	30.00	36.79
Ideal B-1	-17.11%	15.60	18.82

Fuente: BMV.

EMISORA	VAR% 3A	PRECIO 28/Jul/10	PRECIO 3ª 28/Jul/07
IPyC	**8.49%**	**32,802.29**	**30,235.17**
Tlevisa CPO	-15.46%	48.13	56.93
Fragua B	-5.21%	100.00	105.50
Ich B	-4.18%	44.65	46.60
Soriana B	-3.46%	34.35	35.58

Fuente: BMV.

Por cierto, antes del fin de octubre de ese mismo año (2010), el índice bursátil comenzó a definir un movimiento de alza de más de 8% en menos de dos meses, equivalente a casi 50% de rendimiento anualizado. Por favor no deje de ver el primer capítulo de la sección «Estrategias» relacionado con la paciencia.

4 Ser empresario... ¡en Bolsa!

«Prefiero ser accionista de una buena empresa
que sólo propietario de una mala».
Tristan Bernard

Desde hace varios años, el *afortunado contexto de tasas de interés tan bajas en México y el mundo (4% efectiva –luego de impuesto– en Cetes) invita a evaluar el convertirse en empresario y no en ahorrador. Todo apunta a que una empresa relativamente bien manejada, difícilmente podría NO generar niveles de rentabilidad (utilidad anual/capital invertido) superiores a lo que hoy paga una inversión *segura* en el banco (recordemos que si a la tasa nominal del banco –no mayor a 5%– le resta usted su verdadero nivel de inflación personal, seguramente está perdiendo poder adquisitivo). ¡No hay duda, es momento de ser empresario!

---

*Yo me casé poco antes de la crisis de 1995 cuando las tasas de interés en México superaron niveles de 100%. Me tocó sentir el pago de una hipoteca que en un año superaba el valor de todo el préstamo original.

---

1. Opciones

1.1. 1ª opción: empresa propia

El tiempo y el desgaste de las actividades requeridas para iniciar y operar una empresa, amén de los riesgos de la inexperiencia, dificultan la elección de esta alternativa que desde un punto de vista financiero es muy lógica y atractiva. En México, de cada diez empresas que comienzan, sólo dos sobreviven.

1.2. 2ª opción: franquicia

Una alternativa creciente asociada con el razonamiento empresarial anterior lo representan las franquicias, cuyo fuerte crecimiento en México en los últimos años refleja las muchas ventajas que en general ofrecen estos formatos de negocio. No obstante, dicha alternativa implica también ciertos retos de actividad y montos de inversión (más adelante se señalan).

1.3. Opción desconocida: ¡Bolsa!

En México, prevalece un amplio desconocimiento sobre la realidad de la inversión bursátil como una alternativa accesible (mínimo de 20,000.00 pesos) con riesgos controlados a través de metodologías que aseguran la creación de un buen patrimonio a mayor plazo.

No es comprar y vender todos los días ni especular para ser millonario en poco tiempo, pues el riesgo asociado con estas estrategias es sumamente alto.

La inversión en Bolsa deberá verse como lo que es, la oportunidad de convertirse en accionista, socio minoritario de una empresa o un grupo (entre más diversificado menor riesgo) de empresas reconocidas en México y en el mundo, cuyos niveles de rentabilidad y crecimiento promedio histórico han superado por mucho los resultados de la economía del país en su conjunto, medida a través del PIB.

Cuando usted invierte en Bolsa se convierte en dueño proporcional de estas empresas, recibe un dividendo anual producto de sus utilidades y su inversión crece además con la demanda de otros accionistas. No necesita evaluar locales, contratar personal, pagar impuestos (inversión exenta), mantener instalaciones, discutir con clientes y/o levantarse muy temprano.

1.4. No es «todo o nada»

No se trata de descalificar o desanimar un espíritu emprendedor muy importante y necesario en el país, la idea aquí propuesta es considerar otras alternativas como empresario. Pruebe ser accionista en la proporción que elija del giro y actividad que considere. ¿Le gustaría ser comerciante?, ¿dedicarse a los medios de comunicación?, ¿al consumo?, ¿a la tecnología?... ¿Qué le parecería ser dueño de Walmart, Televisa, Coca-Cola, Kimberly-Clark, Casas Geo, Starbucks, Herdez o Teléfonos de México, entre otras?

2. Sobre la alternativa empresarial

En México, las pequeñas y medianas empresas (pymes) representan el motor del crecimiento económico interno, este grupo constituye 99.8% de los negocios, aportan aproximadamente 64% de la fuerza laboral, generan casi 72% del empleo y contribuyen con más de 52% al PIB del país. Su importancia es evidente y por ello, la creación de distintos programas del gobierno para fomentar su crecimiento y apoyo en capacitación y financiamiento.

El enfoque de este capítulo reconoce ampliamente la importancia de los negocios en México y alienta el interés por un enfoque empresarial, sobre todo bajo el contexto de las mínimas tasas de interés de ahorro que existen hoy en el mercado y una perspectiva de tasas aún bajas por mayor tiempo (posiblemente hasta 2010 y en ese momento las alzas serán graduales). Las franquicias por su parte, representan una alternativa de negocio con importantes ventajas en términos del valor agregado y experiencia asociada.

El mercado accionario mientras tanto representa otra opción para ser empresario minoritario con una óptica patrimonial a largo plazo. Habría que ser muy claro y precisar que no se trata de una alternativa que permita disponer cada mes de un ingreso, sin embargo sus beneficios cualitativos y cuantitativos son aún muy poco conocidos en México. Hasta hace poco, por cada 10,000 habitantes de la Población Económicamente Activa (PEA) sólo 35 invertían en Bolsa de manera directa (no considera Siefores), mientras que en países como EE.UU., de cada 100 PEA, 60 participan en Bolsa.

El cuadro siguiente resume algunas ventajas y desventajas que en nuestra opinión involucran alternativas empresariales, la mejor será la que más se adapte al perfil individual y tampoco debe ser una sola, la diversificación es el elemento básico del control del riesgo. Lo más importante de nuestra nota es reflexionar sobre la realidad del potencial del inversionista en Bolsa.

Cuadro 4.1. Oportunidades y riesgos entre alternativas para empresarios

Alternativa	Propio	Franquicia	Bolsa
Ventajas			
Menor monto de inversión inicial.			
Evita trámites (tiempo) de apertura y constitución.			
Evita búsqueda de local, empleados, etcétera.			
Menor tiempo para ser accionista por trámites anteriores.			
No hay trato directo con clientes, proveedores, etcétera.			
Presenta información financiera trimestral.			
Crecimiento promedio de resultados mejor al PIB.			
Garantía de mejores prácticas corporativas.			
Administración exitosa probada.			
Fácil realización (venta) de ser requerido.			
Reconocidas marcas locales y/o internacionales.			

Creación directa de fuente de trabajo.			
Participación directa en toma de decisiones.			
Flexibilidad para adaptarse a nuevos nichos de mercado.			
Desventajas			
Mayor probabilidad de mala administración.			
Posible falta de capital.			
Posible desconocimiento de mercado.			
Posible falta de preparación.			
Posible escasa planeación.			
Posible tendencia a ser todólogo.			
Pago de regalías.			
Creatividad limitada.			

3. El ABC de la apertura de una S.A. de C.V.

La firma mexicana Buró de Consultoría, S.C., especialista en asesoría de negocios, reconoce el avance en las facilidades que existen hoy en México respecto al pasado en lo que toca a la puesta en marcha de un negocio desde el punto de vista de realización de trámites y gestoría, lo cual permite su constitución en un plazo relativamente corto (menos de un mes).

No obstante, otras actividades para la puesta en marcha efectiva de una empresa relacionadas con la adquisición de activos fijos (terrenos, plantas, equipo, instalaciones, etcétera), contratación de personal, plan de negocios, entre otras, dependen mucho de características particulares de cada empresa, traduciéndose así en mayores o menores tiempos.

A continuación una breve guía de tiempos y costos en los trámites para la apertura de una S.A de C.V. proporcionada por la misma firma de Buró de Consultoría Empresarial.

Cuadro 4.2. Apertura de una S.A. de C.V.: tiempos y costos aproximados

1. Definición de tres posibles razones sociales, con el objeto de que una sea aprobado por la Secretaría de Relaciones Exteriores. (Dos días)

2. Elaboración del Acta Constitutiva por parte de un notario con la definición de: (tres días)

   - Razón social.
   - Duración de la sociedad.
   - Forma de administración: administrador único o consejo de administración.
   - Objeto social.
   - Estatutos.
   - Nombramiento de un comisario.
   - Estructura del capital (nombre completo y aportación al capital de cada accionista).
   - Capital mínimo en una S.A. de C.V.: 50,000.00 pesos, los honorarios del notario por una escritura de una S.A. de C.V, con un capital mínimo ascienden a 9,000.00 pesos aproximadamente.
   - Tiempo de elaboración y entrega por parte del notario de tres tantos sin la inscripción en Registro Público de la Propiedad y del Comercio.

3. Para obtener el registro ante la Secretaría de Hacienda y Crédito Público (SHCP), es necesario obtener una cita, generalmente la dan de tres días a una semana después de solicitarla, se requiere copia original firmada por el notario y original del comprobante de domicilio e identificación oficial del representante legal.

4. Con esta situación, la empresa ya está en posibilidades de iniciar operaciones y podrá ordenar la elaboración de sus facturas, así como hacer la inscripción de sus trabajadores ante el Instituto Mexicano de Seguridad Social (IMSS) y el Instituto del Fondo Nacional para la Vivienda de los Trabajadores (Infonavit). (Este trámite dura dos días aproximadamente).

5. Obtención de la Firma Electrónica Avanzada (FIEL) ante la SHCP, también con cita, independientemente de la anterior. (De tres días a una semana después de solicitada). Por esta actividad un contador debería cobrar en el orden de 3,000.00 a 5,000.00 pesos; depende si se le va a dejar el trabajo de llevar la contabilidad.

6. Los honorarios del contador por llevar la contabilidad serán en atención a las obligaciones fiscales, la elaboración y presentación de estados financieros mensuales, se cobran según el número de operaciones que puedan tener, atendiendo a los renglones de:

   - Cantidad de facturas mensuales
   - Cantidad de clientes
   - Cantidad de proveedores
   - Cantidad de cheques elaborados
   - Cantidad de personal

Fuente: Buró de Consultoría, S.C.

4. Los riesgos del emprendedor

La revista *El Inversionista*, sobre finanzas personales, publicó en su número de febrero de 2009, «Los 7 pecados de las PYMES».

El cuadro siguiente resume algunos errores tradicionales de fracaso no con objeto de desalentar la actividad emprendedora, sino de advertir y recomendar algunos aspectos básicos sumamente importantes que debe tener claro quien desee iniciar una actividad empresarial independiente.

Cuadro 4.3. Siete pecados de las pequeñas y medianas empresas (pymes)

Criterio	Concepto
1. Mala administración	Falta de planeación (análisis) financiera, insuficiente en cuantificación de fondos y/o financiamiento a corto y mediano plazos son los casos más comunes. Según la Secretaría de Economía, 43% de las pymes fracasa por errores administrativos y 24% por tropiezos financieros. No gastar más de lo que se ingresa, no involucrar gastos personales y atender los pagos anticipados y cuentas por cobrar son también reglas básicas indispensables.
2. Falta de capital	La recurrencia de créditos con tasas elevadas ante la falta de recursos económicos propios para la compra de equipo o cubrir gastos iniciales es recurrente y peligroso.
3. Desconocimiento del mercado	Un lanzamiento sin un estudio previo es sinónimo de fracaso asegurado. De acuerdo con la Comisión Intersecretarial de Política Industrial (CIPI), sólo 35% de las pymes cuentan con algún tipo de mecanismo para sondear las preferencias y satisfacción del cliente. Conocer el perfil del cliente requiere conocer ¿dónde están los clientes?, ¿de dónde vienen?, ¿qué ingreso tienen?, ¿cómo y cuánto compran?, ¿a qué precio?, ¿quiénes son los competidores?, etcétera.

4. Falta de preparación	Incompetencia o falta de experiencia. El potencial dueño de un negocio no tiene porque saber todo de todas las áreas de negocio, la falta de capacitación y/o rechazo de asesoría especializada es mortal. El negar el trabajo de equipo, a delegar responsabilidades por temor a perder el control únicamente genera saturación, falta de enfoque y muchos errores. No obstante, se recomiendan conocimientos básicos sobre contabilidad, mercadotecnia, manejo de personal, trato a clientes, ventas, computación y negociación con proveedores.
5. Escasa planeación	Muchas pymes no cuentan con recursos materiales, equipos, herramientas, y/o recursos humanos necesarios para llevar a cabo las actividades que pretenden. ¡No existe un diagnóstico de necesidades! Y los problemas se solucionan sobre la marcha, limitando así de manera importante el crecimiento de la empresa. Un plan de negocios es indispensable. Una de cada ocho empresas omite este documento al no saber cómo hacerlo. Las estadísticas demuestran que las empresas que inician con un plan de negocios, pueden subsistir más de tres años, las que no, se extinguen antes de un año.
6. Ser *todólogos*	Ya sabe, trabajar de todo. El emprendedor es el directivo, el técnico, el comerciante, el encargado de las relaciones públicas, comerciales, con proveedores, etcétera. El *ahorrar* dinero haciendo esto resta profesionalización a la empresa y es así como lo urgente no deja tiempo para lo importante.
7. Desinterés por la calidad	La falta de interés o recursos para elevar la gestión de calidad es también un fenómeno tradicional y peligroso. No hay retroalimentación de experiencias. Datos de la CIPI revelan que más de 80% de las pymes no tienen ninguna certificación, 50% no utiliza estándares de calidad o productividad, sólo 24% maneja alguna licencia o patente y 83% no lleva a cabo ninguna actividad para consolidar su presencia en el exterior.

Fuente: «Los 7 pecados de las PYMES», febrero 2009, en revista *El Inversionista*.

Vale recordar que los negocios familiares en México representan 90% de la base empresarial (en América Latina la cifra se eleva a 95%). Por cada seis empresas que se crean en primera generación, únicamente dos pasan a la segunda, y de estas dos que pasan a manos de los hijos, sólo una llega a la tercera generación, siendo los conflictos relacionados con los vínculos afectivos los principales problemas que limitan la vida de dichas organizaciones.

5. Sobre las franquicias

Como señalamos antes, las franquicias se han convertido en una alternativa creciente en el interés del emprendedor pyme gracias a la diversidad de sectores (muchos de ellos anticíclicos); además de la asesoría, experiencia, y facilidades económicas que ofrecen. En México, 15 centavos de cada peso gastado van a una franquicia, la recuperación de su inversión promedio se calcula de 12 a 36 meses, 95% de ellas se mantiene después de cinco años de operación, mientras que los negocios independientes tienen únicamente 20% de posibilidades de sobrevivir. Es por esto que nuestro país se sitúa en el séptimo lugar en creación de franquicias a nivel mundial.

Cuadro 4.4. Resumen de franquicias en México

Franquicia	Cuota inicial de la franquicia (miles de pesos)	Monto de inversión inicial total (miles de pesos)
Agencias de viaje	182.4	416.9
Agencias inmobiliarias	112.7	540.0
Alimentos / aguas purificadas y bebidas	813.5	224.6
Alimentos / café y cafeterías	163.3	976.4
Alimentos / donas y pastelerías	143.7	566.0
Alimentos / golosinas	97.7	336.1
Alimentos / hamburguesas	178.3	4,612.6
Alimentos / helados	255.7	571.8
Alimentos / pizzas	128.0	2,879.9
Alimentos / pollos	228.5	3,122.4
Alimentos / sandwiches y tortas	269.1	1,984.5
Alimentos / varios	225.3	857.7

Asesoría y consultoría	349.7	559.6
Belleza / bronceado y perfumes	177.5	1,287.0
Centros recreativos y de entretenimiento	284.8	961.7
Computación, *software* y servicios de Internet	120.0	304.7
Construcción		198.3
Decoración		612.1
Educación y capacitación	399.6	613.9
Educación / estimulación temprana	444.5	544.0
Educación / idiomas	192.0	1,160.0
Hotelería	952.5	27,940.0
Impresión y rotulación	349.3	3,695.9
Mascotas	100.0	2,149.0
Reparadoras de ropa y calzado	110.0	270.0
Restaurantes	669.7	2,894.3
Restaurante / bar	1,665.0	4,718.3
Restaurante / comida típica y taquerías	337.0	2,551.6
Salud / control de peso		945.5
Salud / cuidado y especializado	450.0	1,877.3
Salud / farmacia	120.0	786.5
Servicios / automotriz	312.0	1,908.3
Servicios / renta de autos		2,741.7
Servicios / casa de empeño	135.0	1,187.5
Servicios / financieros	360.0	818.0
Servicios / limpieza	300.0	282.5
Servicios / mensajería	400.0	527.0
Servicios / seguridad		173.2
Tintorerías y lavanderías	143.6	985.1
Venta al menudeo	95.5	501.1
Vestimenta y accesorios	258.0	681.3
Varios	703.5	1,384.5
Video clubes	113.5	377.9
Promedio total	**324.8**	**1,923.9**

Fuente: Revista *El Inversionista*, febrero 2009.

6. Realidad bursátil: rentabilidades

La tabla siguiente recuerda los resultados obtenidos en distintos cortes de tiempo en años calendario completos (cada fila representa el año de inicio y el número de años acumulados hasta 2009) entre distintas inversiones con una inversión inicial de 100,000.00 pesos (ejemplo en tabla: en los últimos trece años –desde 1997– una inversión inicial de 100,000.00 en Cetes acumuló un monto de 439,966.00, mientras que en Bolsa el monto acumulado fue de 955,673.00 y con disciplina en estrategias de hasta $2,195,391.00 de pesos).

La Bolsa Mexicana de Valores a través de su IPyC, conformado por un grupo de 35 emisoras con diferente ponderación cuya muestra se revisa cada año, ha sido sin duda la alternativa más rentable para quien ha permanecido en plazos largos entendiendo el concepto de inversión patrimonial.

Esta es la forma más evidente de demostrar el poco conocimiento que existe en México sobre la realidad del mercado accionario, cuyo desempeño futuro (largo plazo) seguramente seguirá siendo de lo más rentable. ¡No deje pasar más tiempo!

Cuadro 4.5. Comparativo de alternativas con saldo

Años	IPyC	Dólar	Dow Jones	Oro	Petróleo	Cetes
1986 24ª	286,866,759	3,513,013	23,685,645			45,672,073
1987 23ª	68,196,329	1,417,759	7,797,915			19,654,106
1988 22ª	30,396,963	592,524	3,186,955			7,793,839
1989 21ª	15,184,830	574,003	2,760,181			3,988,401
1990 20ª	7,667,264	487,908	1,848,004	1,334,354	1,794,335	2,564,808
1991 19ª	5,108,299	445,340	1,763,337	1,241,941	1,282,935	1,819,789
1992 18ª	2,243,896	427,038	1,405,307	1,321,452	1,820,581	1,503,070
1993 17ª	1,825,608	419,513	1,325,222	1,382,005	1,708,785	1,287,021

1994 16ª	1,234,154	421,403	1,170,567	1,183,463	2,334,897	1,109,571
1995 15ª	1,352,065	254,233	691,406	728,061	1,136,899	964,532
1996 14ª	1,156,049	170,260	346,969	482,045	695,652	599,390
1997 13ª	955,673	165,839	268,193	493,814	517,093	439,966
1998 12ª	614,234	162,343	214,071	615,942	731,742	361,279
1999 11ª	811,193	132,079	150,012	502,508	885,464	283,348
2000 10ª	450,505	137,532	125,225	523,615	425,326	229,304
2001 9ª	568,284	136,031	131,493	547,960	406,152	196,923
2002 8ª	504,066	142,937	148,734	561,947	581,027	176,128
2003 7ª	524,237	126,015	157,535	397,063	321,137	164,089
2004 6ª	365,201	116,673	116,384	307,984	287,826	154,187
2005 5ª	248,651	117,415	113,550	293,686	216,305	144,064
2006 4ª	180,425	123,147	119,821	261,223	159,521	131,469
2007 3ª	121,446	120,373	100,718	207,303	155,624	122,383
2008 2ª	108,747	119,945	94,297	157,747	99,187	113,918
2009 1a	143,521	94,432	112,204	117,703	170,256	105,539

Fuente: BMV / Bloomberg / Reuters.

Más allá del desconocimiento sobre la inversión en Bolsa, la apreciación general equivocada es que es una alternativa muy riesgosa, cuyo resultado se asocia con suerte, información privilegiada y accesible sólo a grandes capitales.

¡No es así! Cuando usted participa en Bolsa, se convierte en accionista minoritario de una empresa o un grupo de empresas líderes en sus sectores en México y muchas a nivel internacional, sumamente reguladas, con las mejores prácticas corporativas y con reconocidas administraciones.

Evalúe ser empresario, ya sea de un negocio propio o de alguna franquicia, pero no descarte ser también accionista de grandes empresas. Aquí los tiempos y requisitos son infinitamente menores, únicamente tiene que decidirse a levantar el teléfono.

5

Indicador personal *INVPAT

«La mejor forma de predecir el futuro es construirlo».
Peter Drucker

Llama la atención la coincidencia en las respuestas que muchos amigos e interesados en invertir en Bolsa tienen al preguntarles sobre sus objetivos de inversión. La mayoría señala una tasa de interés (más o menos agresiva) y/o montos económicos en plazos mensuales, trimestrales o anuales (por ejemplo: «busco 10% al año seguro», «con que me pague más que la inflación», «con 20,000.00 pesos al mes estoy bien», etcétera).

Ocupo este breve capítulo para compartir con usted un punto de vista muy personal sobre lo que considero debería ser un objetivo de inversión en Bolsa. Creo que debe ser un objetivo mucho más relacionado con conceptos patrimoniales a largo plazo, esto es proyectos personales tangibles y cualitativos, y no tanto con tasas de interés o valores absolutos.

Para explicar mejor esta idea lo invito a reflexionar sobre su *Indicador Personal de Inversión Patrimonial (INVPAT) en los últimos diez años... ¿Cuál pudo haber sido?... Aquí tiene algunas ideas:

- el avance que logró en el pago de su hipoteca;

- la manera en que logró acercarse al monto requerido para iniciar un negocio propio independiente;

- lo necesario para una jubilación muy exitosa;
- lo que logró juntar para la casa de verano que ha soñado en el campo o en la playa, y
- lo necesario para un viaje de aniversario espectacular.

¿Se da cuenta lo distinto, útil y claro que resulta tener claridad en un concepto (objetivo) patrimonial tangible en vez de un valor en tasa o monto?

¡Póngale nombre!... ¡Bautícelo!... El mío lo llamo «MCB», son las iniciales de mis hijos Martha María, Carlos y Bruno. Tienen 12, 11 y 7 años y se me han ido *volando*, por supuesto que los he disfrutado y los disfruto mucho, son inversionistas en Bolsa desde hace varios años y en realidad nos preocupamos poco o nada de estar viendo mes con mes su estado de cuenta. Mi esposa y yo estamos convencidos en los beneficios de largo plazo.

En este libro usted encontrará distintos capítulos que detallan registros puntuales sobre los resultados obtenidos por distintas alternativas de inversión en los últimos años, que fácilmente pueden ser traducidos en sus propios conceptos de inversión patrimonial.

Como se imaginará todos ellos demuestran una vez más cómo la inversión en Bolsa (IPyC) acompañada, de manera consistente, de sencillas metodologías para disminuir riesgos relacionados con la selección de valores, distribución de valores y momento de participación, han superado de manera contundente cualquier otra alternativa.

No obstante, el reto permanente será evitar las lecturas de resultados a corto plazo para dar lugar y tener siempre presente el Indicador Personal de Inversión, ese que no tiene que ver con cifras y porcentajes, sino el que tiene que ver con proyectos, objetivos y sueños.

6 La mosca y la trucha

«Debes perder una mosca para pescar una trucha».
Peter Drucker

En los últimos años, en las semanas posteriores al término de las vacaciones de verano he identificado innumerables coincidencias durante el desarrollo de las reuniones y conferencias que tengo con amigos y clientes. Casi todos suelen permanecer *líquidos* (fuera de la inversión bursátil) para no tener ninguna preocupación relacionada con la Bolsa, pero a su regreso, al identificar un movimiento de avance importante durante su ausencia, les cuesta mucho trabajo tomar una decisión pues consideran que el mercado *ya se ha ido*.

Más allá del motivo, la pregunta común es y seguirá siendo «¿qué hago ahora?». Siendo la primera alternativa «mejor espero a que baje».

1. Otra vez... la tentación del corto plazo

La primera opción refleja claramente el temor de muchos participantes por regresar al mercado o invertir por primera vez luego de un movimiento de alza, pues preocupa que en las sesiones siguientes, el mercado bursátil pueda registrar una caída y entonces perder. Es decir, existe nuevamente ese eterno *vicio* de querer participar en Bolsa atendiendo escenarios de muy corto plazo.

Esta recurrente situación justificó la publicación, el 28 de agosto de 2009, de una nota que hacía referencia a la cita de Peter Drucker que titula esta página, con el objeto de insistir en la importancia de entender la inversión bursátil a plazos mayores, es decir en un sentido patrimonial como el que comentamos en el capítulo del indicador personal INVPAT.

Su interés en la inversión bursátil, estimado lector, debe ir más allá de buscar un mayor rendimiento la próxima semana o mes. Recuerde, tiene que darse cuenta que ésta alternativa (Bolsa) le podrá ayudar a lograr un muy buen retiro o jubilación, a la realización de un negocio propio, a la educación universitaria de su hijo, etcétera.

Es ésta, en esencia, la gran diferencia entre el significado de jugar y apostar a corto plazo o invertir a mayor plazo en Bolsa.

La cita «Debes perder una mosca para pescar una trucha» me parece sumamente ilustrativa de la situación descrita. Nadie puede predecir el comportamiento futuro de los mercados y mucho menos a plazos tan cortos. La posibilidad de una corrección (baja) luego de un fuerte movimiento de alza estará siempre presente.

No obstante, nadie puede garantizar la magnitud ni la tendencia (alza o baja) de un movimiento futuro. Se desconocerá siempre el momento preciso incluso con el soporte de un buen análisis fundamental, pues recuerde que en la Bolsa no influyen únicamente criterios fundamentales, también están las variables técnicas, psicológicas y estructurales. Es por ello que las estrategias que propongo desde hace tiempo se enfocan específicamente en mitigar los riesgos de fuertes pérdidas en una tendencia de baja del mercado y/o de desinversión (salida) antes de tiempo.

¡Sí!, la posibilidad de una corrección a corto plazo existe y esa será siempre su *mosca*, pero a mayor plazo la implementación y disciplina en el desarrollo de estrategias permiten mucho mejores resultados. Si usted no está dispuesto a perder la mosca para capturar la trucha, corre también el riesgo de perder la trucha.

2. ¿De qué tamaño es la trucha?

Ya lo dije, no he querido repetir información estadística que contienen otros capítulos (atienda el primero de esta sección: «Estudiar, trabajar y ahorrar no es suficiente» relacionado con rendimientos y potenciales en Bolsa. La trucha puede ser, ha sido y será siempre grandísima, gordísima y muy jugosa.

7

¡No está tan fea!

«La belleza que atrae rara vez coincide
con la belleza que enamora».
José Ortega y Gasset

A lo largo de mi trayectoria profesional (27 años), he tenido la oportunidad de asistir a distintos congresos locales e internacionales sobre inversiones, organizados por firmas reconocidas, las cuales ofrecen talleres de valuación financiera, conferencias impartidas por directores (CEOs) de reconocidas empresas y destacados administradores de fondos (*fund-managers*) que presentan ideas específicas de inversión en mercados accionarios.

Independientemente de las ideas particulares expuestas en estos eventos, todos ellos coinciden en la importancia de un enfoque de inversión a partir de la búsqueda de valor en las empresas y no de especular u operar a corto plazo. Muchas de las ideas en estos foros resultan realmente novedosas y dejan ver un esfuerzo por identificar aspectos que no son del todo conocidos o percibidos por el mercado. Sin embargo, este tipo de *oportunidades escondidas* son poco frecuentes, suceden de vez en vez.

Personalmente me parece que el buscar *convencer* de la inversión en una empresa cuando la información pública no parece tan favorable resulta también complicado. Es como un vendedor de inmuebles tratando de convencer a un cliente de que una casa puede ser muy bonita si uno no toma en cuenta la pintura desgastada, las puertas rotas o el piso destruido o cuando un amigo presenta a su prima diciendo que no es tan fea si te imaginas que puede depilarse en medio de las cejas para que no parezca que tiene sólo una.

¡Sí!... Ideas novedosas siempre pueden ser atractivas sin olvidar una correcta proporción en un portafolio. No obstante, resulta más interesante (importante) darse cuenta que existen otras muchas oportunidades menos *complicadas* que se descubren simplemente al llevar a cabo procesos ordenados y consistentes que utilicen criterios fundamentales como sinónimo de valor.

Entre estos procesos uno de los de tradicional enfoque por inversionistas institucionales (fundamentales) es el que busca historias de crecimiento con valor, y es de llamar la atención la creciente importancia de los criterios de rentabilidad y la solidez financiera que muchos expertos recomiendan, sobre todo en un ambiente de gran liquidez como la vivida en los últimos años que ha dado lugar a un sin número de compras (fusiones y adquisiciones) en diferentes sectores a nivel internacional.

1. Enfoque: el elemento de éxito

Consciente y respetuoso de las distintas formas de descubrir valor (métodos, indicadores, etcétera) para la inversión en empresas que cotizan en Bolsa, me llama la atención cómo prácticamente todos los administradores de inversiones exitosos coinciden en la relevancia del *enfoque*, entendiéndolo como la determinación que tiene cada uno de ellos respecto a:

1) el mercado en el que participan (conocen o se especializan),

2) la estrategia que deciden llevar a cabo (cortos o largos), y

3) la orientación de sus métodos (fundamental, técnico, etcétera).

No pretenden saber todo, se especializan y destacan como valor agregado precisamente dicha especialidad.

8

Goldman ¡ZACS!

«Lo esperado no sucede,
es lo inesperado lo que acontece».
Eurípides de Salamina

Podría yo enumerar una buena cantidad de momentos en los que el contexto del mercado accionario en México justificaba una tendencia de alza y de pronto ¡zaz!, algo aparece y esto cambia de manera repentina.

Por la importancia y magnitud del evento, elegí mencionar el que a continuación presento y en cuya nota original del 19 de abril de 2010 busco hacer un juego de palabras precisamente con el término zaz, una expresión de asombro y afectación negativa consecuencia de un evento inesperado y la segunda palabra de la firma financiera internacional Goldman Sachs, que en aquel momento generaba mucho ruido entre los inversionistas y que dio pauta una vez más para reflexionar sobre temas de decisión y estrategia en el mercado accionario.

Le recomiendo trate de leer los hechos históricos como si se estuvieran viviendo hoy en día, pues de lograrlo será la mejor manera de entender el mensaje de este pasaje.

1. La historia

El viernes 16 de abril de 2010, los mercados accionarios mundiales se estremecieron con la noticia de que el gobierno federal de EE.UU. a través del organismo regulador conocido como la SEC (Comisión de Valores y Cambios) interponía una demanda civil contra Goldman Sachs & Co. (GS) por defraudar a inversionistas al no revelar conflictos de intereses en inversiones hipotecarias. GS había vendido paquetes de acciones respaldadas por hipotecas de alto riesgo (*subprime*) sin advertir que se trataba de un fondo de alto riesgo (Paulson & Co.) y que como cliente de GS, éste también pronosticaba su fracaso. El banco alega que la SEC no tiene fundamentos en la ley ni en los hechos. Posteriormente, en Reino Unido y Alemania señalaron que también podrían iniciar procesos legales contra GS.

2. ¿Pretexto o potencial peligro?

Hasta el viernes anterior al 16 de abril de 2010, las Bolsas alcanzaban máximos históricos de veinte meses, encareciendo temporalmente sus valuaciones.

Varios participantes argumentaban la cercanía del ajuste técnico y GS parecía un pretexto perfecto para retirar ganancias. La pregunta en ese momento era tratar de saber ¿qué tanto podía afectar realmente el problema de GS?

El mismo viernes, la acción de GS cayó 13% contaminando otras acciones del sector financiero.

Se estimaba la cifra del fraude cercana a mil millones de dólares (mdd) (sin considerar los negocios que tenía en Europa). A raíz del suceso los participantes se mantenían en espera de que:

1) se determinara si era la primera vez que GS tenía una operación fraudulenta como ésta;

2) se investigara a otras instituciones en el sector, y

3) se pudiera acelerar la aprobación de una reforma al sistema financiero en EE.UU. (pese a la oposición de los republicanos

en el senado). Peligra la reputación del sector y con ello el motor de la economía de EE.UU. Las noticias en las siguientes horas serían cruciales, aunque todo apunta a un nuevo y largo capítulo de incertidumbre. Mientras tanto, la siguiente semana reporta una importante cantidad de cifras financieras al 1T10 que en general se esperan muy positivas (muestra, JP Morgan y Citigroup superan estimados) ¿Qué hacer en Bolsa?

La noticia de GS sirvió entonces para validar lo dicho otras veces:

1) la realización de un evento extraordinario (no anticipado) puede suceder siempre y en cualquier momento;

2) los eventos importantes no son únicamente fundamentales, la psicología también es muy importante (la caída de la reputación y confianza en el sector financiero de EE.UU. era mucho más grave que los mil millones de dólares de pérdidas);

3) no existe una manera de predicción segura o infalible para el comportamiento de la Bolsa, y

4) los riesgos se presentan en los procesos de selección, diversificación y momento (algunos participantes habían estado en aquellas fechas sobreexpuestos al sector financiero en EE.UU. al suponer que lo peor ya había pasado).

En las notas de análisis y estrategias de aquel entonces reiteramos nuestra eterna recomendación de ser disciplinado en un proceso integral para participar en Bolsa.

Retábamos sin buscar agredir, queriendo estremecer la reflexión a partir de la experiencia, preguntado a los lectores si contaban con este proceso integral, si se sentían cómodos con el que llevaban a cabo para los siguientes días.

9 Sobre la esperanza

«Si supiera que el mundo se acaba mañana,
yo, hoy todavía, plantaría un árbol».
Martin Luther King

En este capítulo de la sección de reflexión, menciono con toda intención un evento acontecido hacia finales de septiembre de 2010, con objeto de deliberar las muy favorables consecuencias de una acción de este tipo. Se trató de la mayor colocación accionaria sucedida hasta entonces en los mercados bursátiles. No puedo negar cierto sentimiento de envidia y hasta desesperación al identificar oportunidades similares que no se llevan a cabo en México, nuestro país, aunque no pierdo la esperanza.

El 24 de septiembre de 2010, la petrolera brasileña Petrobras, a una semana de las elecciones presidenciales en el país, amplió su capital con la mayor colocación de acciones en la historia. Fueron 66,900,000,000.00 de dólares con la venta de alrededor de 4,000,000,000.00 de acciones; ordinarias y preferenciales, los que recaudó con un solo objetivo: financiar el gigantesco plan de explotación de petróleo que realizará mar adentro, cerca de las costas de Espíritu Santo, en la llamada capa de pre-sal, donde se ubican más de diez proyectos de explotación, incluyendo el yacimiento de Tupí, que proporcionaría unos cien mil barriles de petróleo al día en 2012 y que fue catalogado en 2007 como el mayor pozo del mundo. El plan a cinco años demandará 224,000,000,000.00 de dólares. También ganó el gobierno socialista de Brasil, que subió su participación de 40% a 48% en la petrolera.

Como señalé antes, la emisión de acciones de Petrobras representa hasta la fecha en que escribo la mayor colocación corporativa a nivel mundial en la historia; sin embargo, más allá del monto, lo que debe destacarse son las implicaciones económicas futuras: mayor crecimiento, más inversión productiva e incremento del empleo. La emisión realizada por la petrolera brasileña se suma a otras medidas instrumentadas a lo largo de los últimos años y que convierten a Brasil en un protagonista dominante en la esfera económica mundial.

Vale recordar el hecho de que hace veinte años México y Brasil enfrentaban un entorno macroeconómico igualmente complicado, lo que detonó en ambos países un proceso de cambio estructural muy importante. Desafortunadamente, el proceso de transformación en México quedó inconcluso y esto ha limitado la capacidad de crecimiento del país. El limitado crecimiento de México pone en evidencia que la estabilidad macroeconómica es una condición necesaria, pero no suficiente para lograr un crecimiento alto y sostenido.

Las acertadas decisiones del gobierno brasileño, traducidas en mayores emisoras, mayor confianza y participación de extranjeros en Bolsa, han hecho que Brasil sea el segundo mercado accionario emergente después de China y de mayor peso en los índices de referencia que utilizan inversores institucionales internacionales para conformar portafolios.

A continuación un resumen del «efecto carambola» asociado con esta operación en el país carioca publicado en aquellas fechas.

Cuadro 9.1. Petrobras: efecto carambola

Variable	Consecuencia
PIB	La economía brasileña ha registrado altas tasas de crecimiento en los últimos años como resultado de una serie de reformas estructurales, que han aumentado su competitividad y atractivo de inversión. La colocación de Petrobras abre el camino a una mayor actividad, productividad y expansión económica.

Tipo de cambio	Aunque es difícil estimar el comportamiento futuro del real, lo cierto es que la operación generará un significativo flujo de capitales que podría rondar entre 15,000 y 20,000 mdd. Esto podría generar la apreciación de la moneda brasileña.
Déficit fiscal	El gobierno brasileño se ha ocupado de mantener el balance fiscal y reconoce la importancia del equilibrio fiscal en el desarrollo del país. La mayor actividad productiva se verá reflejada en una mayor recaudación y esto a su vez en un mejor balance fiscal, no sería difícil incluso observar un superávit fiscal en los siguientes años.
Infraestructura	Los recursos obtenidos servirán para financiar el gigantesco plan de explotación de petróleo que realizará mar adentro donde se ubican más de diez proyectos de explotación, incluyendo el yacimiento de Tupí, que proporcionaría unos cien mil barriles de petróleo al día.
Ingreso de gobierno	El gobierno brasileño subió su participación de 40% a 48% en Petrobras. El gobierno de Brasil no inyectó efectivo en la transacción, pero recibirá acciones a cambio de derechos de explotación por 5,000,000,000 de barriles de petróleo en seis yacimientos ubicados en aguas profundas.
Soberanía	La operación es un extraordinario ejemplo de cómo una compañía puede mejorar al recibir recursos del sector privado e inversionistas extranjeros sin ningún menoscabo a la soberanía. Petrobras, al igual que Pemex, fue una compañía de propiedad 100% gubernamental hasta 1995. En octubre de ese año, Petrobras realizó una exitosa colocación de acciones en el mercado doméstico (pero con amplia participación de inversionistas institucionales extranjeros) y en 2000 se listó en el New York Stock Exchange.
Fortalecimiento de confianza	El que una empresa mayoritariamente paraestatal sea pública al cotizar en Bolsa (cualquiera puede adquirir acciones), implica estar sujeta a normas de gobierno corporativo orientadas a disminuir la corrupción, a revelar información financiera de manera periódica, y a forzar a la administración de la empresa a operar el negocio con el objetivo primordial de crear valor para sus accionistas.
Rentabilidad financiera	Petrobras se ha vuelto una compañía mucho más rentable, incrementando su generación de flujo operativo de 9,000,000,000.00 de dólares a 29,000,000,000.00 entre 2000 y 2009. Petrobras se ha convertido en una empresa de clase mundial, sin ser rehén de su sindicato.

Unidad política	La transacción sucedió trece días antes de la elección presidencial de Brasil (3 de octubre), sin que nadie amenace con tomar las plazas de São Paulo ni las tribunas de sus recintos legislativos. Los funcionarios brasileños (legisladores) decidieron hacer lo correcto para su país sin egoísmos partidarios.
Mercado interno	Petrobras es la segunda petrolera mejor capitalizada del mundo con una producción efectiva que supera a la de México a partir de 2010. No obstante, la decisión que tomaron los brasileños hace tiempo fue dejar de depender del exterior e invertir en su industria nacional.
Comercio internacional	Las consecuencias para el mercado petrolero pueden ser muy importantes, pues podría iniciar una nueva dinámica en los precios para los crudos medios y pesados en la costa del Atlántico, tomando en cuenta que el mecanismo de precios actual tiene mucha influencia del crudo Maya (el cual va desapareciendo). Es probable que los crudos que México y Venezuela exportan a Estados Unidos puedan ser desplazados y que Brasil se convierta en el productor latino por excelencia.

10

No es el ingreso… ¡es el gasto!

«Al poseedor de las riquezas no le hace dichoso el tenerlas, sino el gastarlas, y no el gastarlas como quiera, sino el saberlas gastar».
Miguel de Cervantes Saavedra

Desayuno con el Dr. Jaime Rosenthal, extraordinario y reconocido neurólogo mexicano pero sobre todo amigo y consejero. Coincidimos en muchos puntos de vista. No por nada siempre he considerado (con todas las proporciones guardadas) que el trabajo de un asesor de inversiones y/o analistas es muy parecido al de un médico. Ambos tenemos que analizar, diagnosticar y recetar de acuerdo con las características de cada paciente (cliente). Ellos, los médicos, procuran salud y bienestar físico-mental, mientras que nosotros, procuramos salud económica. Sin duda, mucho más importante lo primero que lo segundo.

El contenido de la charla resultó, como siempre, sumamente enriquecedor para un servidor y aunque pareciera que se trataba de un tema ligero y del conocimiento general, consideré que valía la pena documentarlo en este libro y tenerlo siempre muy presente.

En algún momento de la plática recordamos a muchas personas que después de haber podido acumular un monto importante de dinero en su trayectoria profesional, lo pierden. Los deportistas y artistas cuya actividad suele ser de mayor dominio público son posiblemente los casos que más se identifican con estas desafortunadas historias. No obstante, suceden en otras muchas disciplinas todos los días.

«No es tan importante lograr una condición económica saludable, sino saberla cuidar correctamente», señalaba con acierto mi estimado doctor, al tiempo que le comentaba yo que la mayor parte de las personas solemos pensar que la única manera de ahorrar o invertir es ganando más dinero… ¡Error!

La verdadera clave del ahorro, no proviene del ingreso, sino del gasto. Una persona que gana más, casi siempre gasta más y no logra entonces ahorrar… ¡El reto es no gastar tanto!

Después de esto hablamos como de costumbre de estrategias en Bolsa, pero para poder correr (invertir en Bolsa), primero tenemos que aprender a gatear (no gastar), y luego a caminar (ahorrar).

Segunda parte
Capítulos de estrategia

11

Paciencia… el cuarto elemento

«La paciencia es un árbol de raíz amarga,
pero de frutos muy dulces».
Proverbio persa

Hacia el inicio del mes de septiembre de 2010, el IPyC se mantenía prácticamente sin cambios. Algunos participantes comenzaban a desesperarse, la desesperación era aún mayor cuando al darse cuenta que en los últimos tres años (septiembre 3, 2007 a septiembre 3, 2010), la variación del mismo índice no había sido mayor a 6%, rendimiento menor al de una tasa de renta fija que ya de por sí es pobre (lo comenté con detalle en el capítulo «El contexto vs. la estrategia» en la sección de reflexión).

Entonces resultó importante recordar y analizar el contexto de mayor riesgo que se había vivido en los últimos tres años, con el objeto de entender la circunstancia que en ese momento atravesaban los mercados. Se trataba de un momento incierto (y no nuevo) dentro de los tradicionales ciclos económicos y de mercados. Estrategias orientadas hacia la conservación del valor resultaban sin duda más apropiadas frente a la búsqueda de ganancias a costa de un mayor riesgo.

Un comportamiento incierto en Bolsa por tanto tiempo no debería extrañar. Su falta de tendencia (alza o baja), reflejaba incertidumbre entre participantes. Por cada estratega que fundamentaba un escenario de mejora, existía otro con una opinión contraria y argumentos igualmente válidos. La información económica internacional tampoco ayudaba, cualquier día los datos eran mejores y al siguiente, volvían a ser negativos.

Las tres ingredientes de éxito que propongo para la inversión bursátil son: 1) conocimiento básico, 2) metodología (con características de sencillez, integridad y enfoque prioritario al cuidado del riesgo), y 3) disciplina en el marco de una visión de mayor plazo (tres años).

Si bien, el largo ciclo de indefinición que vivíamos en Bolsa (interesante saber qué sucederá al momento de que usted esté leyendo estas líneas) ponía a prueba la disciplina en el proceso elegido, yo estaba seguro que un próximo ciclo de alza debería compensar el débil resultado de los últimos años para quien pudiera ser paciente.

A partir de dicha experiencia, decidí incluir de manera específica el ingrediente de paciencia como el cuarto componente de éxito en lo que llamo una «fórmula de éxito en Bolsa» para horizontes de mayor plazo.

Cuadro 11.1. Fórmula de éxito en Bolsa

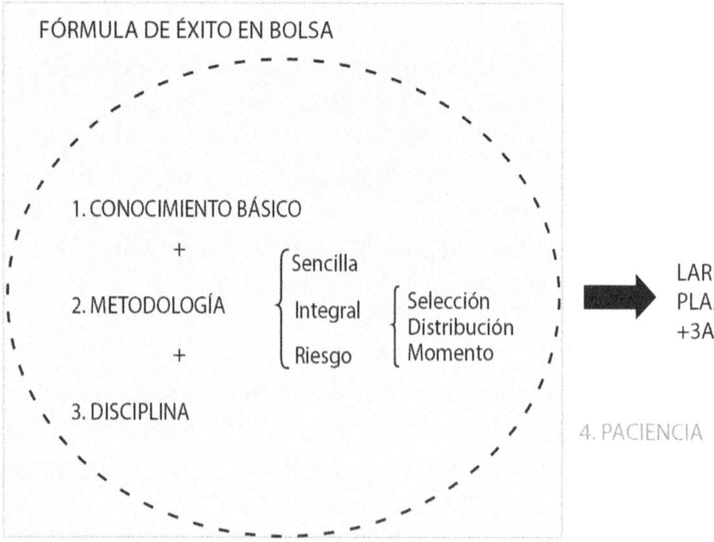

12

¿Cuántas veces ha tenido miedo al invertir en Bolsa?

«No temas ni a la prisión, ni a la pobreza,
ni a la muerte. Teme al miedo».
Giacomo Leopardi

Relacionado por completo con el pasaje anterior en el que sugerimos incorporar el elemento «paciencia» como un ingrediente (virtud) importante en contextos de falta de tendencia en el mercado accionario, pues la consecuencia de esta indefinición en precios para el inversionista patrimonial suele ser un resultado (rendimiento) muy pobre, me parece importante reflexionar también sobre la condición personal del inversionista bajo estas circunstancias. Me refiero específicamente al ánimo y al sentimiento del participante.

Aquel menor rendimiento que habían venido observando algunas estrategias reactivas a posibles cambios de tendencias frente al *mejor* (menos de 6% en tres años) comportamiento del IPyC y/o fondos indizados (replican la misma estructura del IPyC y siempre están invertidos), era importante recordar que la oferta diferenciadora había sido la de priorizar el cuidado del riesgo sobre el rendimiento (al entender que a mayor plazo, el resultado en Bolsa deberá ser mejor por su naturaleza).

Visto hacia atrás, siempre sería *fácil* decir que fue mejor haber invertido todo el tiempo en Bolsa en vez de *salir* y entrar anticipando una tendencia (tal y como la hace una herramienta como un promedio móvil). Sin embargo, el *mejor* rendimiento lineal del IPyC (en un fondo indizado habría que restar además 3% anual de comisión promedio) había sucedido a costa de un riesgo mucho mayor.

En esa época preguntaba a participantes si recordaban cuántas veces en los últimos años (2007-2010) habían escuchado sobre un escenario catastrófico internacional que se traduciría en un nuevo *crack* bursátil... ¿Se acuerda de la caída de la Bolsa de 2008?, ¿recuerda temas como Lehman Brothers, deuda *subprime*, operaciones con derivados, fraudes en instituciones, rescates multimillonarios, Grecia, Europa, desaceleración en EE.UU., doble recesión, etcétera?

Para ser justos, habría que recordar también que en todos esos momentos de angustia y gran riesgo, estrategias reactivas hacia probables cambios de tendencias habían estado desinvertidas de Bolsa, cumpliendo su compromiso de prioridad al riesgo, velando su sueño, y cuidado su patrimonio.

En el cuadro siguiente se indica el comportamiento del IPyC a lo largo de 2010 y registra los momentos en los que una herramienta técnica que busca anticipar tendencias, basada en el empleo de un promedio móvil de 30/10 días (según volatilidad) había marcado varios posibles cambios de tendencia, los cuales no habían sucedido (excepto en una ocasión) por la propia condición incierta del mercado.

Esta estrategia resulta dolorosa ante la indefinición de tendencia, pero su empleo consistente lo justifica el hecho de que históricamente el mercado accionario ha terminado siempre por definir una tendencia.

Insisto en que existen otras miles de formas de participar en Bolsa con distintos riesgos implícitos acordes a cada perfil de cliente. Respeto todos y cada uno de ellos, sin embargo, lo importante es estar muy claro de lo que uno busca y de cómo quiere obtenerlo.

Cuadro 12.1. IPyC 2010 / Indicador de promedio móvil

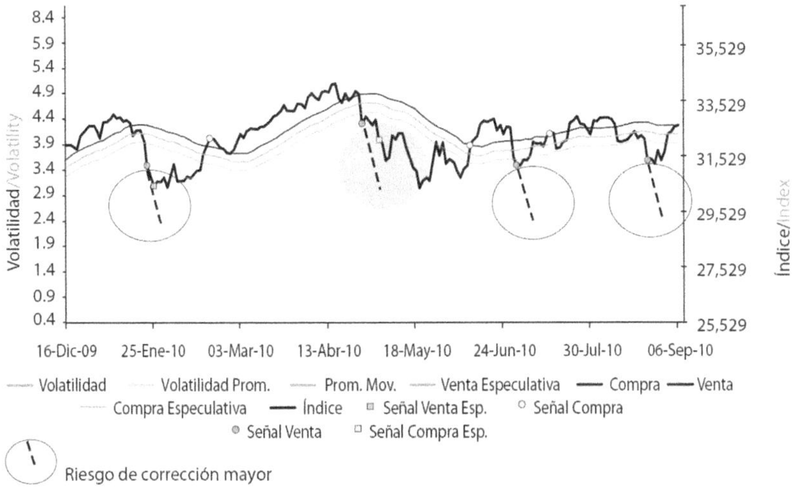

13 Oportunidad permanente («estrategia del cocodrilo»)

«No hay nadie menos afortunado
que el hombre a quien la adversidad olvida,
pues no tiene oportunidad de ponerse a prueba».
Lucio Anneo Séneca

Dos muy buenos amigos y exitosos estrategas de Bolsa (Juan José Domene y Gilberto Cantú) coinciden en identificar y calificar como muy positiva una metodología a la que llaman: «estrategia del cocodrilo».

El nombre de esta estrategia, según relatan Juanjo y Gil, se asocia con la longevidad que como especie ha tenido este animal («es una de las especies más antiguas, es el último de los dinosaurios») y de su metodología para lograrlo.

El cocodrilo ha logrado conservarse (sobrevivir) tanto tiempo por un estilo de vida que en términos bursátiles se resume en ser paciente y moverse poco.

«El cocodrilo se la pasa descansando pacientemente, siempre en espera de una presa al lado de un río o lago». Sabe que el alimento llegará, así que sólo es cuestión de esperarlo.

El mercado accionario mexicano resulta especial por distintas situaciones, una de ellas, su fuerte variación anual de máximos a mínimos. En muy pocos índices accionarios en el mundo, se presentan variaciones desde niveles máximos hasta mínimos anuales tan fuertes como en el IPyC.

1. De 72% el promedio de variaciones anuales de mínimos a máximos

Para comprobar esta tesis se publicó en un documento titulado «La Bolsa: oportunidad permanente» el siguiente cuadro. Recuerda que las variaciones porcentuales observadas entre los niveles mínimos y máximos del IPyC en los últimos 22 años (desde 1988 hasta 2009) han sido de 72%. Dichas variaciones han ofrecido grandes oportunidades cada año, independientemente del contexto o ciclo de mercado.

Aunque muchos lo hemos vivido, lo olvidamos con frecuencia y para quien duda de los promedios, conviene señalar que si bien en los años de mayor variación las diferencias fueron de 165.7% (1988), 157.3% (1991) y 116.9% (1999), las variaciones mínimas también han sido muy rentables en rangos de 25.5% (1996) y 27.4% en (2007). El cuadro13.2. en el lado derecho indica el promedio de variación en distintos cortes de tiempo, los promedios más bajos nunca han sido menores a 50% anual… ¡Increíble!

Cuadro 13.1. Variaciones anuales de máximo a mínimo (IPyC)

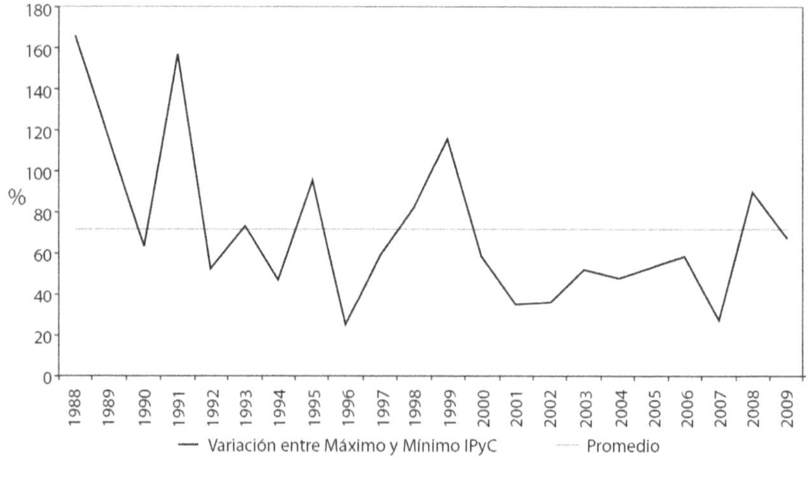

Fuente: BMV.

Cuadro 13.2. Variaciones anuales de máximo a mínimo (IPyC)

Año	Máximo	Mínimo	Variación entre máximo y mínimo IPyC
1988	230.09	86.61	165.7%
1989	443.03	203.72	117.5%
1990	683.64	417.43	63.8%
1991	1,459.28	567.09	157.3%
1992	1,907.36	1,252.10	52.3%
1993	2,602.63	1,504.15	73%
1994	2,881.17	1,957.33	47.2%
1995	2,834.39	1,447.52	95.8%
1996	3,433.75	2,736.36	25.5%
1997	5,369.48	3,359.46	59.8%
1998	5,204.00	2,856.10	82.2%
1999	7,129.88	3,300.42	116%
2000	8,319.67	5,231.85	59%
2001	6,868.89	5,081.92	35.2%
2002	7,574.35	5,534.47	36.9%
2003	8,795.28	5,763.87	52.6%
2004	13,031.57	8,818.19	47.8%
2005	18,054.03	11,739.99	53.8%
2006	26,448.32	16,653.15	58.8%
2007	32,836.12	25,783.04	27.4%
2008	32,095.04	16,868.66	90.3%
2009	28,305.32	16,929.80	67.2%

Fuente: BMV.

¿Se da cuenta?... Una vez más, el conocimiento y la información sobre el mercado accionario invitan a participar de él de una manera correcta.

El reto no es fácil, saber encontrar el momento preciso para *comerse la presa* (comprar en un nivel bajo) en medio de variables fundamentales, estructurales, psicológicas y técnicas es muy complicado, sin embargo, la oportunidad existe.

Este enfoque dio origen a una metodología propuesta llamada Método por Valuación a Largo Plazo (MVLP) que comentaré en el capítulo 19.

14

Además de comprar... ¡cambiar!

«Si queremos que todo siga como está,
es necesario que todo cambie».
Giuseppe Tomasi di Lampedusa

Ya lo hemos dicho: un horizonte a largo plazo en Bolsa no significa invertir siempre ni tampoco en las mismas empresas. Además de herramientas técnicas que permiten optimizar decisiones de momento, la revisión permanente de fundamentales en emisoras sirve para mejorar portafolios, al identificar aquellas con mayor o menor potencial de avance. Aunque los fundamentos de una empresa en términos de su estrategia, productos, participación de mercado y pronóstico de crecimiento no cambian todos los días, un movimiento importante en su precio sí puede afectar su valuación (múltiplos) impactando así el precio objetivo.

Uno de los argumentos más recurrentes de los participantes tipo *traders* (visión de corto plazo) respecto a la preferencia de su perfil y no al de un *fundamentalista*, es precisamente este: «Los precios se mueven diez veces más que los fundamentos».

El pronóstico de un precio objetivo en un rango de fechas determinadas, incorpora en sí distintos fundamentales de emisoras, sobre todo crecimientos estimados en utilidades y escenarios de múltiplos posibles en los que los inversionistas pueden estar dispuestos a participar de la emisora a partir de parámetros históricos y sectoriales. El rendimiento esperado por un precio objetivo se afecta típicamente por un avance en precio y/o por un cambio en el pronóstico de resultados y/o valuaciones.

El 23 de abril de 2010 publiqué una nota que indicaba precios objetivos (de consenso de mercado) de una muestra de emisoras que identificaba también con ellos sus potenciales (mayor y menor avance).

El espíritu de aquella nota y ahora de este capítulo es invitarlo a considerar no comprar acciones, sino el tener un disciplina de seguimiento y análisis que le permita también hacer cambios (*switch*) entre acciones a partir de estos precios objetivos.

Cuadro 14.1. Precios objetivos 2010 con menor potencial

Emisora	Var% Estim.	Var% 12m	Var% Min	P$ 23-IV	P$ 12m	P$ min 12m	P$ Obj '10 est	Tipo Estim
Cicsa B-1	-20.45%	22.22	43.90	8.80	7.20	6.15	**7.00**	C[1]
Findep *	-15.77%	150.18	166.79	14.01	5.60	5.21	**11.80**	C
Peñoles *	-13.19%	93.53	88.34	283.39	146.43	150.47	**246.00**	C
Elektra *	-8.73%	12.74	31.40	657.38	583.11	500.77	**600.00**	C
C *	-8.64%	44.75	69.39	60.20	41.59	35.54	**55.00**	C
Gcarso A1	-1.84%	35.08	45.35	48.29	35.75	33.23	47.40	C
Alsea *	-1.46%	139.93	143.77	13.70	5.71	5.62	13.50	X[2]
Gfnorte O	-1.30%	158.28	160.92	53.80	20.83	20.60	53.10	C
Arca *	-0.48%	59.00	56.73	46.22	29.07	29.49	46.00	C
Oma B	2.88%	74.19	86.21	24.30	13.95	13.05	25.00	C
Soriana B	4.71%	58.31	60.77	38.20	24.13	23.76	40.00	X
Comerci UBC	5.02%	131.50	132.48	10.95	4.73	4.71	11.50	C
Gmodelo C	5.81%	71.00	79.33	70.88	41.45	39.53	75.00	C
Ideal B-1	6.32%	59.84	75.96	17.87	11.18	10.15	19.00	C
Bimbo A	8.53%	73.56	72.87	107.80	62.11	62.36	117.00	C
Gfinbur O	9.46%	13.96	31.09	43.85	38.48	33.45	48.00	C

Notas: Tipo de estimación: [1]C – Consenso de Mercado [2]X – Ixe Grupo Financiero.

1. No se trata de especular

Si una emisora (empresa en Bolsa) mantiene permanentemente una expectativa favorable en resultados financieros y el precio de mercado no representa una valuación (múltiplo estimado) excesiva, seguramente se mantendrá por mucho tiempo en un portafolio diversificado, dicha combinación de factores (precios y resultados esperados) se traducirá siempre en atractivos precios objetivos. Es por ello que la publicación trimestral de cifras financieras de las empresas en Bolsa resulta tan importante. Dicha publicación permite a los participantes validar los pronósticos de crecimientos y precios objetivos.

El cuadro siguiente recuerda los precios objetivos a finales de 2010, en una muestra de emisoras que cubría el área de Análisis Bursátil a mi cargo (X) o de consenso de mercado (C).

Se ordena de manera descendente en función de los mayores potenciales en precios. El precio objetivo no incorpora explícitamente características de bursatilidad de una emisora. Se incluye además la variación del precio en doce meses y desde mínimo 12m.

En la práctica un buen portafolio buscará el mejor balance entre el rendimiento y el riesgo en su estructura. El riesgo lo podemos entender como la diferencia en la estructura del portafolio respecto a la estructura del IPyC al representar el parámetro a vencer (*benchmark*).

Cuadro 14.2. Comparativo de precios objetivos y variaciones de precios

Emisora	Peso IPyC	**Var% Esti PO.**	Var% 12m	Var% Min	Precio 23-IV	Precio hace 12 m	P$ mínimo 12m	**P$ Obj '10 est**	Tipo Estim
Cmr B		46.10%	-48.67	10.00	3.08	6.00	2.80	4.50	X[2]
Codusa *		41.76%	121.53	174.66	14.20	6.41	5.17	20.13	C[1]
Herdez *		39.33%	31.85	36.92	17.80	13.50	13.00	24.80	C

Cie B		38.46%	-13.33	14.44	6.50	7.50	5.68	9.00	C
Lab B		37.00%	364.84	390.57	44.16	9.50	9.01	60.50	X
Ara *	0.33	36.83%	109.31	114.11	8.77	4.19	4.11	12.00	X
Maxcom CPO		34.86%	75.35	89.80	8.75	4.99	4.61	11.80	X
Pinfra *		34.17%	52.55	60.25	32.05	21.01	20.00	43.00	C
Mexchem*	1.95	34.12%	203.58	203.34	37.28	12.28	12.29	50.00	X
Sare B		33.93%	82.11	103.64	4.48	2.46	2.20	6.00	C
Simec B		33.54%	64.90	73.49	35.57	21.57	20.52	47.50	X
Gmexico B	7.87	30.94%	212.50	228.14	34.75	11.12	10.59	45.50	X
Geo B	0.61	30.68%	112.08	122.25	38.26	18.04	17.21	50.00	X
Urbi *	0.84	29.80%	91.97	107.98	29.66	15.45	14.28	38.50	X
Gfamsa A	0.33	28.05%	155.52	173.82	24.99	9.78	9.13	32.00	X
Axtel CPO	0.35	27.16%	68.32	77.10	9.83	5.84	5.59	12.50	X
Bolsa A	0.36	26.89%	99.81	109.55	21.20	10.61	10.16	26.90	C
Gruma B	0.42	23.89%	250.95	228.63	25.83	7.36	7.86	32.00	C
Ica *	0.61	22.70%	23.25	58.25	32.60	26.45	20.60	40.00	X
Fragua B		22.61%	21.86	27.66	102.00	83.70	79.90	125.06	C
Femsa UBD	3.64	21.70%	48.56	52.88	58.34	39.27	38.16	71.00	X
Ich B		21.65%	73.21	77.03	51.79	29.90	29.26	63.00	X
Autlan B	0.24	21.36%	62.55	67.66	30.90	19.01	18.43	37.50	X
Homex *	0.62	21.02%	39.20	49.18	64.45	46.30	43.17	78.00	X
Telecom A1	6.39	20.94%	32.10	39.65	63.50	48.07	45.47	76.80	X
Pasa B		20.69%	49.48	47.81	14.50	9.70	9.81	17.50	C
Cmoctez *		20.54%	63.11	52.73	33.60	20.60	22.00	40.50	C
Telmex L	1.70	20.12%	-8.10	7.42	9.99	10.87	9.30	12.00	X

Alfa A	1.53	19.93%	274.28	298.21	95.89	25.62	24.08	115.00	C
Amx L	18.29	19.12%	57.16	51.86	31.48	20.03	20.73	37.50	X
Cemex CPO	3.69	18.55%	38.95	43.81	14.34	10.32	10.02	17.00	X
Telint L	1.95	18.14%	64.81	65.97	11.85	7.19	7.14	14.00	X
Gigante *		17.95%	50.00	50.00	19.50	13.00	13.00	23.00	C
Gap B	0.62	17.24%	61.84	64.89	44.78	27.67	27.14	52.50	X
IPyC		16.94%	57.66	56.51	33,864.53	21,480.01	21,662.53	39,600.00	
Compart O	0.90	16.69%	121.67	135.00	72.84	32.86	31.00	85.00	C
Tlevisa CPO	3.65	15.90%	20.26	23.09	51.77	43.05	42.06	60.00	X
Asur B	0.55	15.77%	63.47	78.16	69.10	42.27	38.74	80.00	X
Tvaztca CPO	0.43	14.90%	50.52	56.09	7.18	4.77	4.60	8.25	X
Walmex V	15.22	14.80%	61.90	70.71	31.36	19.37	18.37	36.00	X
Mega CPO		13.41%	84.38	80.17	29.98	16.26	16.64	34.00	X
Lamosa *		12.68%	102.86	102.86	14.20	7.00	7.00	16.00	C
Contal *		12.64%	64.63	63.23	36.40	22.11	22.30	41.00	C
Kimber A	1.17	11.28%	43.46	51.21	71.89	50.11	47.55	80.00	C
Kof L		11.24%	65.23	69.18	84.50	51.14	50.13	94.00	X
Gcc *		10.28%	61.12	61.12	45.34	28.14	28.14	50.00	X
Gfinbur O	4.22	9.46%	13.96	31.09	43.85	38.48	33.45	48.00	C
Bimbo A	3.69	8.53%	73.56	72.87	107.80	62.11	62.36	117.00	C
Gissa *		6.61%	260.77	260.77	9.38	2.60	2.60	10.00	C
Ideal B-1		6.32%	59.84	75.96	17.87	11.18	10.15	19.00	C
Gmodelo C	1.31	5.81%	71.00	79.33	70.88	41.45	39.53	75.00	C
Comerci UBC	0.12	5.02%	131.50	132.48	10.95	4.73	4.71	11.50	C
Soriana B	2.00	4.71%	58.31	60.77	38.20	24.13	23.76	40.00	X

Oma B		2.88%	74.19	86.21	24.30	13.95	13.05	25.00	C
Arca *		-0.48%	59.00	56.73	46.22	29.07	29.49	46.00	C
Gfnorte O	3.18	-1.30%	158.28	160.92	53.80	20.83	20.60	53.10	C
Alsea *		-1.46%	139.93	143.77	13.70	5.71	5.62	13.50	X
Gcarso A1	3.24	-1.84%	35.08	45.35	48.29	35.75	33.23	47.40	C
C *		-8.64%	44.75	69.39	60.20	41.59	35.54	55.00	C
Elektra *	4.67	-8.73%	12.74	31.40	657.38	583.11	500.77	600.00	C
Vitro A		-9.60%	42.28	75.25	8.85	6.22	5.05	8.00	C
Peñoles *	3.28	-13.19%	93.53	88.34	283.39	146.43	150.47	246.00	C
Findep *		-15.77%	150.18	166.79	14.01	5.60	5.21	11.80	C
Cicsa B-1		-20.45%	22.22	43.90	8.80	7.20	6.15	7.00	C

Notas: Tipo de estimación: [1]C – Consenso de Mercado [2]X – Ixe Grupo Financiero

2. Sobre los precios objetivos

Sería muy injusto para usted, como lector, no recordarle brevemente el concepto y alguna metodología de precios objetivos cuando ha sido la médula de este capítulo.

Aunque lo he publicado antes, aquí lo tiene de nuevo: se trata de la opinión pública que realiza un especialista sobre el precio que podría alcanzar una acción o índice condicionado a ciertos sucesos. Existen distintos métodos para establecer precios objetivos, es importante entender la metodología (razonamiento) de los precios objetivos, sobre todo cuando se comparan o utilizan entre distintas fuentes.

La metodología que utilizamos para dicho cálculo se deriva del despeje aritmético que implica el múltiplo FV/Ebitda. Donde el FV (*Firm Value*) es la suma del precio de mercado, la deuda neta e interés minoritario de una acción y el Ebitda *(Earnings before interest, taxes, depreciation & amortizations)* se entiende como la utilidad operativa más la depreciación de una acción. Por lo general, asumimos permanencia en el nivel de deuda, interés minoritario y depreciación de las empresas, por lo que las variables importantes son: 1) el Ebitda estimado (crecimiento nominal de utilidades operativas) y 2) en nivel de valuación (múltiplo) esperado. Para ésta última variable tomamos como referencia parámetros históricos y sectoriales a nivel internacional.

3. El *problema* de los precios objetivos

El gremio bursátil (local e internacional) utiliza por lo general rangos de 12-18 meses futuros para establecer precios objetivos. Un problema común es que no todos se inician o revisan en una misma fecha, por lo que su comparación en términos de rendimientos esperados no es válida ya que los tiempos esperados son distintos. Nosotros presentamos nuestros pronósticos de precios a una misma fecha (fin de año), dentro de un rango establecido que no sea mayor a 0.5x el múltiplo FV/Ebitda de cada emisora.

Cuadro 14.3. La fórmula del cálculo

	PASO 1	PASO 2	PASO 3	PASO 5
Concepto	Se identifican los componentes del múltiplo FV/ Ebitda actual (últimos doce meses).	Se determina un crecimiento nominal (real + inflación) en utilidad operativa.	Se determina el nivel del múltiplo (FV/ Ebitda) que el inversionista estará dispuesto a pagar.	Se despeja la variable de precio en la fórmula del múltiplo estimado. Esto es el precio objetivo (PO).
Fórmula	FV/Ebitda = 10/2 = 5x (Pcio+DN+IM) / (Ut.Op+Dep)	Ejemplo 30% = 1.8+30%= 2.34	Ejemplo: 6.0x	PO = (Mult. estim. x (Ut. Op estim+Dep))- (DN-IM) PO= (6x(2.34+0.2))- (2-0) = 13.24

Desglose	FV (Pcio +DN + IM) = 10 Precio Actual = 8 Duda Neta = 2 Interés Minoritario = 0 Ebitda (Ut.Op + Dep) = 2 Ut. Operativa = 1.8 Depreciación = 0.2	El crecimiento es nominal y no real pues la estimación de rendimiento se hace también en términos nominales y no reales.	El dato se justifica por una referencia histórica y una sectorial internacional. Ejemplo: El múltiplo promedio últimos tres años es de 6.5x y otras empresas del sector en el mundo se pagan con FV/Ebitda de 5.5x. Por lo tanto 6.0x es razonable.	Como se mencionó antes, se asume que la deuda neta (DN), la depreciación (Dep) y el Interés Minoritario (IM) se mantienen.

15 La danza de la lluvia

«Quien no sabe bailar
dice que los tambores no valen para nada».
Proverbio ganés

Seguramente usted ha leído o visto alguna película del viejo oeste en la que aparecen indios y vaqueros *caras pálidas*.

¿Se ha puesto a pensar por qué la danza de la lluvia les funcionaba a los indios?

La respuesta es sencilla... ¡Porque no dejaban de bailar hasta que llovía!

Hago referencia nuevamente a la tradicional situación en la que un inversionista deja de participar del mercado accionario dentro de un importante movimiento de alza ya sea porque haya vendido previamente o porque ha subido, tanto que se mantiene en espera de que suceda un ajuste importante.

Seguramente el ajuste (baja) vendrá en algún momento, siempre ha sido así, debido a los ciclos económicos y de mercado (a veces corto y a veces más largo).

El problema es esperar con un paraguas abierto a que llueva y mientras tanto dejar de disfrutar de un estupendo sol... ¿Se da cuenta? Con el riesgo de parecer poco profundo, es vital entender la importancia de una reacción oportuna en Bolsa y/o de no combatir la tendencia del mercado accionario, entendiendo que su comportamiento, un tanto *irracional* en ocasiones, se explica por la incidencia de factores distintos a los fundamentales que pueden permanecer por mayor tiempo.

1. Metodología *blindada*

Más allá de una muy necesaria y recomendable selección de emisoras en la conformación de un portafolio a través del empleo de *filtros fundamentales* (resultados estimados, valuaciones, estructuras financieras, bursatilidad, etcétera) y una distribución de emisoras muy competitiva respecto a la estructura del IPyC como formas importantes para acotar riesgos al participar en Bolsa, la metodología «Estrategia Integral C3», que comparto desde hace muchos años incorpora (se complementa) un componente de *timing* (búsqueda del momento oportuno) que se ha venido mejorando con el tiempo al hacer más eficientes las decisiones de compra y venta (incluso en momentos de mercado sin tendencia –lateral–).

La herramienta ET no busca anticipar el movimiento de mercado, simplemente reacciona oportunamente (compra o venta) ante posibles cambios de tendencia, muchos de los cuales tienen un origen no fundamental. En el tiempo, sus resultados han sido muy exitosos debido a que: 1) permite comprar y vender frecuentemente cerca de niveles máximos y mínimos; 2) las características de nuestro mercado generan un predominio de movimientos de tendencia en el tiempo (75% tendencias y 25% lateral), y 3) la constante disciplina en su empleo. Respetuosos de otras formas de participar en Bolsa la ventaja de nuestra metodología es que permite equivocarnos.

Para concluir este enfoque de disciplina y paciencia (¡sí! suena repetitivo pero hay que hacerlo) suponga usted la estimación del índice bursátil en cualquier momento. Tomemos como ejemplo una cifra de 42,000 pts. hacia finales de 2012 cuando el 19 de septiembre de 2010 era cercana a 35,000.

Suponga ahora que esto no sucediera por aparecer una nueva y fuerte caída en Bolsa independientemente de su origen. La estrategia propuesta permitiría evitar dicha baja como ya lo ha hecho en otras ocasiones, y si por el contrario, la Bolsa siguiera muy animada y superara fácilmente más de 42,000 pts., la estrategia nos permitiría participar del avance.

16

Riesgo: su permanente descuido

«Nadie prueba la profundidad del río con ambos pies».
Proverbio

Otro ejemplo sobre la permanente desatención a la relación riesgo-rendimiento en Bolsa me sucedió hace varios años al visitar a una empresa que nos convocó para concursar para el manejo de ciertos recursos en el mercado accionario.

«Las reglas son muy sencillas Carlos, estamos convocando a cuatro instituciones, cada una manejará la misma cantidad de recursos (dinero) de aquí a fin de año en Bolsa y la que logre el mejor rendimiento se quedará con todos los recursos para seguirlos manejando».

«No entiendo bien», respondí, sabiendo que daba una mala impresión inicial a una explicación aparentemente tan sencilla.

«¿Qué es lo que no entendiste?».

«No entiendo cómo van a evaluar y medir el riesgo. Si ustedes deciden asignar todos sus recursos al que haya tenido el mejor rendimiento sin saber los riesgos que se asumieron para obtener dichos resultados, puede ser que elijan al estratega o administrador más riesgoso y que en un siguiente ciclo no sólo no repita un buen rendimiento, sino que tenga importantes minusvalías».

Hubo un silencio temporal para responder después... «Tienes razón, pero no sabemos cómo medir el riesgo»

La insistencia de priorizar el cuidado del riesgo sobre la búsqueda a toda costa del rendimiento suena bien, sin embargo, siempre es difícil estar convencido de una idea cuando se plantea únicamente como concepto (abstracto).

Por lo anterior, incluimos desde hace tiempo en una serie de seminarios, conferencias y documentos que llevamos a cabo con periodicidad, una gráfica que compara en el tiempo el resultado del comportamiento del IPyC respecto a un índice de sociedades de inversión común o renta variable (ISIC) que la Bolsa Mexicana de Valores calcula y publica todos los días.

Ese índice resulta ser una especie de promedio del rendimiento de las sociedades o fondos de renta variable en el mercado, fondos administrados por profesionales que ofrecen mejores rendimientos que el propio índice bursátil, el parámetro a vencer (*benchmark*) –les guste o no– de todo aquel que decide invertir en la Bolsa Mexicana de Valores.

Al analizar el comportamiento del ISIC vs. el IPyC, descubrimos que las sociedades de inversión común en promedio en México han pagado menos de la mitad del índice bursátil desde hace tiempo: esto significa que si un inversionista hubiera optado por un fondo indizado (aquel que mantiene una estructura idéntica al IPyC) en vez de alguno más agresivo, en promedio, hubiera tenido un mejor resultado.

La pregunta obligada es ¿por qué el rendimiento en promedio es menor? La respuesta es porque la mayoría de ellos se enfoca en buscar un rendimiento más alto y de esta manera descuida riesgos de selección, diversificación y hasta de momento. Se decide por el rumor, por la especulación, se concentran carteras en pocos valores buscando «ganar todo con uno o dos nombres» y/o sin atender a un índice como parámetro y/o comprando y vendiendo acciones.

1. Medios de comunicación y competencias mal orientadas

Algunos medios de comunicación lejos de ayudar también han contribuido a deformar un mejor enfoque para la inversión bursátil al atender poco la relación riesgo-rendimiento.

Periódicos y revistas publican con regularidad los rendimientos de sociedades de inversión (fondos) sin considerar una medida del riesgo asociado con dichos resultados, de la misma manera algunos *asesores* usan el rendimiento histórico como sinónimo de *garantía* del futuro, al promover y buscar nuevos clientes sin que eso necesariamente sea así.

Para demostrarlo compare usted los mejores resultados de fondos de inversión en el tiempo y verá que difícilmente se repite un primer lugar de manera consistente.

Es por ello que insistimos en preguntar sobre métodos y procesos en las estrategias, sobre la manera de seleccionar emisoras, de diversificar valores y de cómo disminuir los riesgos y no tanto en el resultado final.

En el año 2007, iniciamos una competencia entre universidades. El proyecto consistió en que veinte jóvenes de distintas universidades en todo el país (en 2010 participaron casi treinta) construyeran un portafolio bursátil virtual (en Internet) invirtiendo en empresas mexicanas a lo largo del segundo semestre del ciclo escolar anual con una revisión semanal.

A diferencia de otros proyectos similares, el ganador no era únicamente el que tenía un mejor rendimiento que el IPyC en el periodo, sino el que combinaba su buen resultado (60% de la calificación) con un mejor manejo de riesgo (40% de la calificación). Entendiendo, de manera sencilla, el riesgo como una estructura no muy lejana al propio IPyC (el riesgo asociado se demostró con la gráfica al inicio del capítulo del ISIC vs. el IPyC).

El promover este tipo de actividades entre jóvenes y/o personas que buscan una primera experiencia sin riesgo con simuladores que no califiquen ambos criterios resulta peligroso, pues invita a seguir desarrollando generaciones de potenciales inversionistas en Bolsa enfocándonos exclusivamente en obtener rendimientos, descuidando el control del riesgo y haciendo creer que la Bolsa es un tema de apuesta y/o juego y no una inversión patrimonial como lamentablemente ha sucedido en México por muchos años.

En 2010, comenzamos un proyecto similar llamado PROYEXION pero con jóvenes de menor edad, donde no era importante su vocación profesional, tuvimos jóvenes de secundaria y preparatoria orientados en ramas tan amplias como la nutrición, la arquitectura y el arte, compartiendo todos ellos una primera experiencia en Bolsa.

Al situarme como lector, considero injusto no abordar algunas sugerencias para medir e identificar el riesgo además de identificar la propia estructura del IPyC al momento de construir un portafolio, luego de haber mencionado y demostrado su importancia.

No se preocupe, se mencionan y reflexionan en los siguientes capítulos y es mucho más sencillo de lo que se imagina.

17 Un portafolio con tres acciones

«La formulación de un problema,
es más importante que su solución».
Albert Einstein

Si he tenido yo la gran fortuna y oportunidad de contar con su interés y seguimiento en otras publicaciones (libros y/o documentos de análisis), seguramente recordará que las tres principales características de la metodología C3 propuesta para la inversión bursátil son:

1) integral,
2) sencilla, y
3) enfoque prioritario al cuidado del riesgo (concebimos el rendimiento como consecuencia del cuidado del riesgo).

Ser integral consiste en atender siempre los tres aspectos del tradicional potencial riesgo para el inversionista: selección de emisoras, diversificación de un portafolio y momento (*timing*).

La sencillez radica en proponer tres preguntas asociadas a las fases del riesgo (¿cuáles comprar?, ¿cómo distribuir el portafolio?, y ¿cuándo participar?); mientras que el enfoque prioritario al cuidado del riesgo se realiza en cada fase de la metodología:

- **Selección:** considera ocho criterios fundamentales para filtrar emisoras.

- **Diversificación:** buscar una representatividad no menor a 70% del IPyC, para no *alejarse* del *benchmark* (IPyC) y pretender un mejor rendimiento que el IPyC con 30% restante, al incluir o sobreponderar emisoras con atractivos precios objetivos (mejor que el pronóstico del IPyC) .

- **Momento:** reaccionando oportunamente a cualquier señal de aparente cambio de tendencia que indica una herramienta (ET) basada en el uso de promedios móviles de 10 y 31 días.

Esta última parte complementa la estrategia, al reconocer que los movimientos del mercado accionario no siempre se relacionan con aspectos de tipo fundamental (psicológico, estructural y técnico).

El resultado de esta metodología **en términos de la selección y diversificación** de un portafolio, ha sido demostrado por diez años con la publicación semanal (todos los miércoles) de un portafolio institucional que cada año ha superado el rendimiento del IPyC debido a la disciplina en su proceso.

El cuadro siguiente indica los resultados acumulados en la semana, el año en curso y desde el inicio del portafolio (abril 2001) y los compara con el avance del IPyC y el Índice de Sociedades de Inversión en renta Variable (SIRV) que publica diariamente la Bolsa Mexicana de Valores.

Cuadro 17.1. Resultado, estrategia, selección y diversificación al 8 de septiembre de 2010

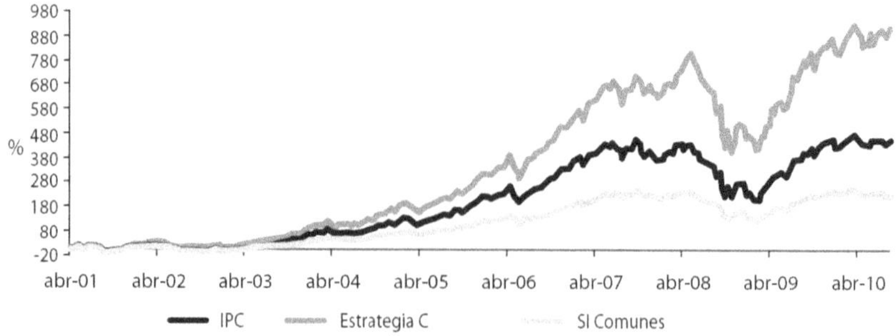

Índice	Desde Ult. Revisión	Acum. Año	Desde Inicio (Abr.24'01)
EstC[1]	**-0.41%**	**6.30%**	**906.09%**
IPyC	-0.56%	0.90%	450.52%
SIRV[2]	0.17%	-3.57%	228.18%

Fuente: [1]C1 Estrategia con Selección [2]Sociedades de Inversión de Renta Variable precio desfasado un día.

El portafolio propuesto cada semana mantiene un máximo de 18 acciones mexicanas, no obstante, sabemos que muchos participantes no tienen la capacidad, interés o gusto por una capacidad similar en portafolio personales, así que propusimos una alternativa para participar en el mercado accionario mexicano conservando el mismo espíritu de nuestra metodología integral en las fases de selección y diversificación sin necesidad de considerar un número importante de emisoras en la construcción de un portafolio.

Entendiendo la estrategia en lo general (primer párrafo de este capítulo), la propuesta de un portafolio con tres acciones radica en considerar 70% de la inversión en la acción Naftrac, instrumento o acción que replica la estructura del IPyC (de esta manera usted está invirtiendo en las cerca de 35 acciones del índice bursátil con la misma proporción) y seleccionar dos más a partir de una expectativa atractiva de rendimiento que indiquen sus precios objetivos.

1. ¿Cuánto es su riesgo y rendimiento estimado?

La pregunta anterior y la falta de una respuesta precisa por parte de la gran mayoría de los participantes en la Bolsa en México, tanto para sus portafolios individuales como en sus fondos de inversión, evidencian la importancia de metodologías con las características ya señaladas.

Con nuestra metodología y la propuesta de tres acciones, el riesgo de lejanía respecto al índice bursátil queda cubierto al ser similar en 70%, mientras que la posibilidad de un mejor rendimiento esperado respecto al IPyC se logra con la selección de las otras dos emisoras. Además de los precios objetivos (cuyo cálculo involucra todos los criterios fundamentales), recomendamos atender aspectos de manera especial como el grado de bursatilidad de las mismas.

2. Diferencia entre apostar o jugar e invertir

El siguiente ejercicio pretende demostrar el valor de las metodologías (en las fases de selección y de diversificación) en los procesos de inversión bursátil al tiempo de transmitir relativa facilidad (sencillez) en los procesos. El no atender elementos de control de riesgos como por ejemplo, el seleccionar emisoras sin conocer un precio objetivo pronosticado y/o el asignar distintas cantidades de acciones a un portafolio sin detenerse a reflexionar el porqué asignar 5%, 10% o 30% de *peso* de cada emisora en su estructura, es en pocas palabras la diferencia entre jugar y apostar en Bolsa o saber invertir.

A continuación los resultados en términos del riesgo-rendimiento asociado con distintas decisiones para invertir en Bolsa. Tres de ellas presentadas a través de portafolios en donde únicamente se seleccionan tres emisoras.

Como comentamos antes, lamentablemente muchos participantes locales del mercado difícilmente pueden contestar las preguntas ¿de cuánto es el riesgo de tu portafolio o fondo de inversión? y/o ¿de cuánto es el rendimiento esperado (¡no garantizado!)? El desconocimiento de dicha información, así como la no identificación y/o control de riesgos en las fases de selección, diversificación y momento por buscar principalmente rendimientos, ha originado experiencias desafortunadas y una impresión equivocada de la inversión en Bolsa.

El siguiente cuadro resume las principales características de distintas alternativas. Para su mejor comprensión es importante entender que:

1) el parámetro a vencer (*benchmark*) de cualquier inversionista en Bolsa en México será siempre el IPyC;

2) la acción Naftrac replica el IPyC por lo que considerarla en un portafolio implica indirectamente invertir en las casi 36 acciones de dicho índice;

3) para efectos de la metodología propuesta, entenderemos el riesgo como una medida de representatividad del índice (en estricta teoría existen diversas medidas e indicadores muy técnicos asociados principalmente con la variación en el precio de una acción respecto al movimiento del IPyC);

4) la Teoría de Portafolios indica que cualquier portafolio con menos de seis emisoras implica un riesgo por concentración («Todos los huevos en una misma cesta»), recuerde que con el Naftrac se tienen indirectamente las 36 del IPyC, y

5) no se distraiga en calificar la probabilidad o no de los pronósticos presentados, concéntrese por ahora en la propuesta metodológica.

3. Conclusiones

Mientras que el índice bursátil (IPyC) anticipa un avance de 27% (pronóstico de 39,400 pts.), algunas emisoras (Mexchem y Gmexico) anticipan avances de más de 50% en el mismo plazo.

No obstante, considerar una sola emisora implica un alto riesgo de concentración. La estrategia C2 (únicamente selección y diversificación) ofrece un buen balance en riesgo al tener una representatividad mayor a 70% del IPyC (eso significa que su variación de rendimiento potencial vs. su *benchmark* es relativamente baja) y un rendimiento esperado mayor (34%) explicado por incluir o sobreponderar en el 30% que no se parece al IPyC a emisoras con rendimientos esperados mayores a los del indicador bursátil. Sin embargo, entre los portafolios propuestos, el primero (1) ofrece un balance (riesgo-rendimiento) similar al de nuestra estrategia que se logró por considerar en 70% de su estructura a la acción Naftrac, el otro 30% fue 15% para Mexchem y 15% para Gmexico.

Cuadro 17.2. Integración de portafolios

Indicador	# de acciones	Representatividad IPyC	Var % al precio objetivo	Precio objetivo '10E
		Riesgo	Rendimiento	Pronóstico
IPyC	35	100.0%	27.0%	39,400.00
Naftrac	35	100.0%	27.0%	39.40
C2	18	71.9%	34.0%	NA
Portafolios				
Portafolio 1	**3***	**72.4%**	**34.5%**	**NA**
Portafolio 2	3*	72.0%	28.4%	NA
Portafolio 3	3	8.1%	38.5%	NA
Acciones				
C	1	0.0%	11.6%	55.00
Mexchem	1	1.4%	52.4%	50.00
Gmexico	1	6.7%	51.3%	45.50

Nota*: precios objetivos a 2010. Estos portafolios proponen en 70% el Naftrac, por lo que en realidad el número de emisoras de inversión indirecta es mayor a 30.

4. Estructura de portafolios

La idea de proponer tres portafolios distintos, pero cada uno con tres acciones tiene como objeto demostrar el impacto en la relación riesgo-rendimiento que puede existir a pesar de aparentar estructuras similares.

Cuadro 17.3. Estructura de portafolios

Portafolio	Estructura
Portafolio 1:	Naftrac 70%, Gmexico 15% y Mexchem 15%
Portafolio 2:	Naftrac 70%, Gmexico 15% y C 15%
Portafolio 3:	C 33%, Gmexico 33% y Mexchem 33%

Los cuadros siguientes indican en el eje vertical el nivel de riesgo o representatividad de cada portafolio, mientras que el eje horizontal indica el rendimiento esperado. Los portafolios más eficientes son aquellos que se sitúan al extremo derecho superior de cada gráfica. La esfera más grande es el IPyC (su tamaño representa el número de acciones que tiene), las dos medianas son los fondos institucionales y las más pequeñas son los portafolios.

4.1. Portafolio 1

Observe la eficiencia lograda por tener Naftrac y dos emisoras de potencial.

Cuadro 17.4. Portafolio 1

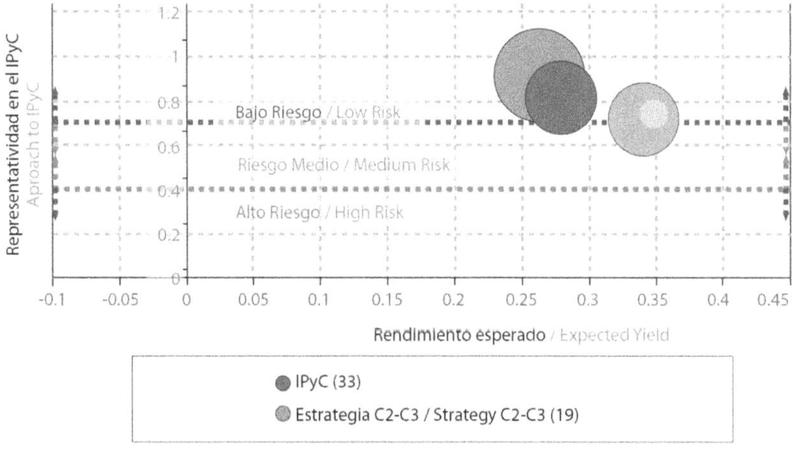

4.2. Portafolio 2

El riesgo crece (Cuadro 17.5.) y el rendimiento baja (se mueve la esfera pequeña a la derecha) al incluir la acción de Citigroup «C», que tiene menor potencial de rendimiento de acuerdo al precio objetivo (ver Cuadro 17.2.) y no forma parte de la muestra del IPyC.

Cuadro 17.5. Portafolio 2

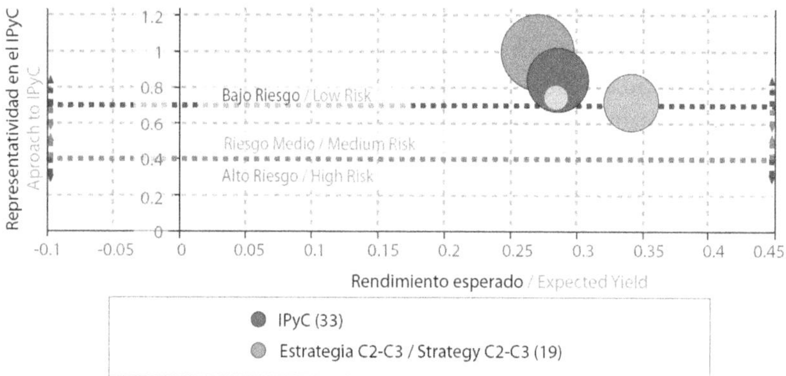

4.3. Portafolio 3

El riesgo resulta mucho mayor (apenas 8% de representatividad del IPyC y por eso la burbuja está tan abajo) aunque el rendimiento aumenta. Ambos movimientos por no tener la acción Naftrac y en lugar tres emisoras con proporciones muy altas (33.3% cada una).

Cuadro 17.6. Portafolio 3

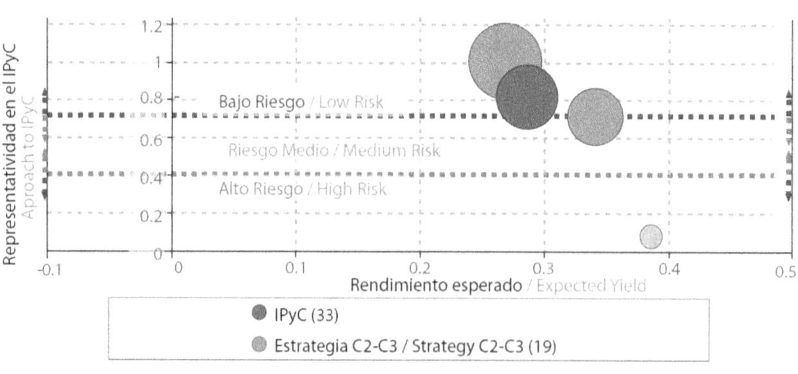

4.4. Para recordar… ¿cuáles?

Previo a la diversificación inteligente (número de emisoras y proporción), se requiere la construcción de un portafolio con la selección de las emisoras con mejores fundamentos, elegidas con base en ocho criterios.

Cuadro 17.7. Ocho criterios para seleccionar emisoras (¿cuáles?)

Criterio	Concepto
Crecimiento sectorial	Identifique siempre empresas en sectores con *viento a favor* a partir de ciclos económicos internacionales y/o locales. Ejemplo: televisoras en años con eventos deportivos internacionales (olimpiadas, mundial de fútbol, etcétera) y/o de gasto por campañas políticas.
Crecimiento individual	El inversionista busca siempre historias de crecimiento y rentables y no sólo empresas *baratas*. El crecimiento atiende conceptos como: ventas, utilidad operativa y Ebitda. Es importante atender perspectivas y no datos históricos. Recuerde: «Una buena historia en el pasado no garantiza una a futuro y viceversa».
Rentabilidad	El crecimiento aislado aunque importante no es suficiente. Es importante cerciorarse que la rentabilidad de un negocio no se sacrifica por periodos largos con dicho crecimiento. El atender medidas de rentabilidad operativa es siempre muy útil.
Mercado	Se relaciona con los dos anteriores. Sin embargo, existe una especial atención por distinguir entre empresas cuya demanda de productos depende de sus exportaciones o del mercado local.
Estructura financiera	Las empresas *sanas*, con poca deuda, sin vencimientos de deuda importantes, con *fuerte* balance, etcétera, son sinónimo de menor riesgo. Se recomienda el uso de razones financieras tradicionales como: deuda/capital, activo circulante/pasivo circulante, utilidad operativa + depreciación/intereses netos.

Valuación atractiva	Existen diversas metodologías. La más común es el empleo de múltiplos, que relacionan precios vs. indicadores financieros (¡por favor no confunda precios con valuaciones!... una acción que sube de precio no necesariamente es más cara). Los múltiplos se califican bajo criterios comparativos históricos y/o sectoriales. Los múltiplos más bajos producidos por un avance en resultados son por lo general sinónimo de oportunidades. El múltiplo (valuación) de mayor empleo en mercados emergentes como México es el *Firm Value*/Ebitda.
Bursatilidad	Sinónimo de fácil realización de las acciones en el mercado. Las acciones poco bursátiles son de mayor dificultad para un movimiento rápido en decisiones de compra y/o venta.
Otros	Resulta importante saber si existe algún factor cualitativo importante relacionado. Ejemplo: política de dividendos, dirección de la empresa, aspectos legales, convenios específicos, etcétera.

5. Sobre el Naftrac

Es un certificado de participación ordinaria no amortizable, emitido por Nacional Financiera (Nafinsa). Se trata de un instrumento financiero que confiere a sus tenedores el derecho a una parte alícuota de un portafolio de acciones fideicomitidas.

Es el primer instrumento en su tipo en Latinoamérica. Está indexado al IPyC de la Bolsa Mexicana de Valores en 100% y facilita a pequeños inversionistas el acceso a inversiones patrimoniales. Nafinsa lo emitió en abril de 2002 y otorga a sus tenedores, las siguientes ventajas: diversificación, indexación, transparencia, liquidez, oportunidad de arbitraje, menores costos operativos y un amplio mercado secundario. Su éxito ha sido tan claro que a la fecha ocupa un lugar destacado en términos de bursatilidad de todo el mercado accionario.

18 Portafolios globales

«¿Qué sentido tiene correr cuando estamos
en la carrera equivocada?».
Proverbio alemán

Otra situación cada vez más recurrente y ciertamente preocupante para quien ahora escribe, es la consulta de un portafolio global.

Muchos amigos y clientes preguntan con frecuencia ¿qué opino sobre su reciente compra del índice accionario chino o brasileño (muy de moda)? Sin ser yo un experto en aquellos mercados, siempre contesto cuestionando sobre el pronóstico que ellos tienen o el asesor que los invitó a considerar dichos mercados tiene para esos índices bursátiles en un plazo similar al pronóstico que yo pueda tener para el mercado accionario mexicano.

Para la Bolsa en México, pronosticamos para 2011 un índice cercano a 42,000 pts. al suponer un avance nominal promedio en los resultados operativos (Ebitda) de las empresas más importantes de dicho indicador cercano a 10% y asumir que los inversionistas estarán dispuestos a participar con múltiplos (valuaciones) FV/Ebitda de 9.0x, cifra menor al máximo histórico de 10.0x de los últimos años y poco mayor al promedio histórico de 8.4x.

¿De cuánto es el pronóstico que tú tienes para China o Brasil?... ¿Es mejor que el de México?

A partir de dicho cuestionamiento se suman luego otros elementos orientados a la distribución (¿cuánto tener en cada país?). Sin embargo, la mayoría de las veces, la respuesta a la primera pregunta es «no lo sé» y en ese momento inicia una interesante reflexión.

Este capítulo complementa muy bien al anterior. Verá usted que el principio metodológico para un portafolio en México es el mismo bajo un enfoque internacional. Con la facilidad que desde hace tiempo (2003) ofrece nuestra Bolsa Mexicana de Valores para tener acceso a inversiones internacionales por medio de los conocidos IShares o ETF´s, cada vez son más los inversionistas locales que buscan una diversificación mundial.

Más allá del detalle específico sobre requisitos y alternativas en México, comparto en las siguientes páginas elementos de estrategia (información) orientados a la disminución del riesgo y la optimización de rendimientos en la conformación de un portafolio internacional. Ya lo dije, una estrategia bursátil internacional contiene los mismos riesgos potenciales en las etapas de selección de valores, diversificación de los mismos y momento de participación.

Aunque existen estrategias de valores absolutos (ganancias netas), la mayoría de los inversionistas internacionales identifican un parámetro a vencer (*benchmark*) al construir portafolios. Los parámetros tradicionales son índices que a nivel global o especializado (categorías mercados desarrollados y/o mercados emergentes) construyen y proponen instituciones como Morgan Stanley (MSCI), en los que el *peso* de cada país se asocia con características de tamaño de mercado (capitalización) y liquidez (bursatilidad), principalmente. Entre más se alejan de las distribuciones señaladas en dichos índices, mayor resulta el riesgo asociado vs. la ganancia prevista para dicho parámetro. El otro ingrediente indispensable y básico lo representa precisamente el rendimiento previsto para cada mercado para un mismo plazo. El entender estos conceptos resulta vital, pues explica el porqué un participante pudiera decidir invertir en Brasil en vez de China; en Rusia en lugar de Turquía; en EE.UU. en vez de Japón; además de saber por qué la proporción de inversión en cada uno de esos mercados es de 5% y no de 10% o 20%.

Al igual que en el IPyC, un mejor y mayor entendimiento de los elementos estratégicos básicos le permitirán a usted construir portafolios internacionales con una mejor relación riesgo-rendimiento, incluso con tres IShares (siempre y cuando una de ellas represente en una proporción importante –70%– alguno de los índices internacionales). Hasta ahora, nuestro mayor reto ha sido el identificar fuentes recurrentes que provean estimaciones confiables sobre los pronósticos de índices bursátiles en el mundo.

Recuerde por favor, si usted está pensando diversificarse o ya se diversificó en Bolsas internacionales debe tener una idea clara del rendimiento esperado (pronóstico) en dicha alternativa y de su *peso* (¿qué tan importante es?) en los índices de referencia. El no tener este pronóstico equivale a navegar sin una brújula o como dice el proverbio alemán que introduce este capítulo: correr en una dirección equivocada.

Finalmente, es importante saber que por ahora las alternativas de inversión a través de IShares en México son exclusivas para inversionistas calificados. La siguiente guía resume la información básica para la construcción y entendimiento de un portafolio accionario global.

Cuadro 18.1. Guía general

Fase de riesgo	Herramientas / criterios	Comentario
Selección del país	Ishare equivalente	Antes que nada, conozca (investigue) la clave del Ishare del país en que usted desea invertir. Por ahora no todos los países tienen acceso a través de IShares. También puede hacerlo en un bloque (región) o grupo de países. Desde hace muchos años se popularizó por ejemplo el BRIC (Brasil, Rusia, India y China).

Selección del país	Variables macroeconómicas	Al igual que una compañía, usted necesita saber cuál es la condición fundamental del país o la región en la que desea invertir. Es decir sus características, fortalezas y debilidades en indicadores como balanza comercial, déficit fiscal, desempleo, etcétera.
	PIB	Dentro de los indicadores económicos, el Producto Interno Bruto de un país equivale a los ingresos de una empresa. Usted necesita saber ¿cuánto está creciendo y cuánto espera crecer a futuro? Aunque recuerde que no siempre todos los sectores y empresas presentan el mismo ritmo de avance que el país al que pertenecen.
	Riesgo país (EMBI)	Indica la diferencia en puntos base de la tasa de interés en dólares que ofrecen una muestra de títulos de deuda de un país respecto al Bono del Tesoro de diez años de EE.UU. (Ejemplo: EMBI de 185pb = 1.85% más que la tasa de referencia). Entre mayor es el riesgo, mayores son los puntos adicionales que ofrece un país para el inversionista.

Selección del país	Múltiplos (Valuaciones)	Un comparativo entre los tradicionales P/U o FV/Ebitda a nivel histórico y entre los países ofrece una muy buena idea de qué tan caro o barato es cada país o mercado. Si son estimados a una misma fecha, ¡mucho mejor! Muchos inversionistas internacionales combinan para su toma de decisiones indicadores de múltiplos y de Riesgo país (EMBI).
	Estimación de crecimiento del índice	Un pronóstico bien fundamentado y actualizado es por mucho el elemento más importante en la decisión de selección. El pronóstico de un índice (rendimiento probable) traduce todos los demás fundamentales (valuaciones, riesgo, económicos, etcétera). Evite participar de un mercado si no tiene un pronóstico (no garantía) de su objetivo a cierto plazo. Compare los rendimientos estimados.

Distribución	Índices de referencia (*MSCI)	Los índices que publica y actualiza la empresa Morgan Stanley son los parámetros a vencer *(benchmarks)* de mayor referencia entre los inversionistas internacionales. Existen índices globales que incorporan mercados accionarios tanto de países desarrollados como emergentes y otros especializados únicamente para mercados desarrollados o emergentes. El peso de cada mercado o país en los índices se relacionan de manera importante con su tamaño y nivel de operación (*float*). Estos índices son para el inversionista internacional, lo que el IPyC es para un inversionista local.
	Sobreponderación	Si los fundamentales de un país (crecimiento esperado en el índice de su mercado accionario) resultan atractivos, entonces vale la pena asignar una ponderación mayor a la de dicho índice. A esto se le conoce como sobreponderación. Ejemplo: si su estrategia es en mercados emergentes y le gusta Brasil, debe saber que Brasil representa en el MSCI *Emerging* 15.9%, así que usted debe tener más de esta cantidad, es decir sobreponderarse.

Distribución	Subponderación	Se trata de un concepto inverso a la sobreponderación. Si el pronóstico no es bueno o menor a otro, evite el país o la región. No obstante si el peso de este país o región es importante (3.5% al menos) entonces decida un peso menor, pues el no estar puede alejar el resultado de su portafolio del índice que usted tiene como referencia (ese es el riesgo en la distribución).
Momento	Tendencias	El atender indicadores técnicos que alerten posibles cambios de tendencia, es una buena forma de evitar riesgos asociados con mantenerse invertidos en un ciclo de baja fuerte y/o permanente, y/o de evitar vender antes de tiempo.
	**MVLP	Identificar momentos en los cuales los índices o mercados accionarios en cada país observan valuaciones (¡múltiplos, no precios!) históricamente cerca de niveles mínimos y/o máximos ayudan mucho a las decisiones de momento.

Notas: *Morgan Stanley Composite Index, ** Método de Valuación a Largo Plazo.

1. Zona óptima

Una manera sencilla de entender, analizar y administrar un portafolio accionario internacional a través de Ishares es empleando la siguiente gráfica riesgo-rendimiento (que por cierto también empleamos para portafolios locales pues el principio de control de riesgo es el mismo).

Riesgo. En el eje vertical (Y): se presentan distintos proporciones de representatividad de un portafolio personal global respecto al parámetro a vencer. Niveles de representatividad mayores a 70% implican un **riesgo bajo** de lejanía en el desempeño del portafolio personal conformado vs. el parámetro a vencer (*benchmark*). Niveles de representatividad en un rango de 40% a 70% indican un **riesgo medio** en función a la dispersión del resultado del MSCI, mientras que un portafolio personal que represente menos de 40% presenta un **riesgo alto** de desempeño también en función al MSCI *Emerging*.

Rendimiento. En el eje horizontal (X): se presentan distintos escenarios de avance esperado (no garantizado) en los índices de referencia y en el portafolio personal. Dichos pronósticos se determinan con la ponderación total del rendimiento esperado para cada país (mercado accionario) que conforma el portafolio. Es por ello que una cifra estimada a un mismo plazo para los índices accionarios de cada país resulta indispensable al momento de construir un portafolio.

Ejemplo de interpretación:

Asumamos para nuestro ejemplo un portafolio internacional en la categoría de mercados emergentes. Eso implica que nuestro parámetro a vencer (*benchmark*) deberá ser el índice MSCI *Emerging*.

El cuadro siguiente muestra la relación riesgo-rendimiento de tres portafolios hipotéticos (A, B y C) contra el índice MSCI *Emerging*. La gráfica identifica como zona óptima aquella en la que el portafolio estructurado ofrece mayor representatividad vs. el parámetro a vencer (menor riesgo de lejanía en función al MSCI *Emerging*) y mayor rendimiento esperado. El mejor portafolio es el B al representar 73.55% del MSCI *Emerging* con un rendimiento esperado de 28.75%, cifra mejor a 24.73% ofrecido por el índice MSCI *Emerging*.

Usted puede elegir *sacrificar* riesgo en busca de un mayor rendimiento, con las potenciales consecuencias. Esto depende de su perfil de inversionista, lo importante es que sepa usted cómo se comportan ambos indicadores en el portafolio que está construyendo.

Las preguntas claves a responder siempre serán: ¿cuál es el riesgo del portafolio? y ¿cuál es el rendimiento esperado?

Cuadro 18.2. Análisis riesgo-rendimiento MSCI Emerging vs. tres portafolios

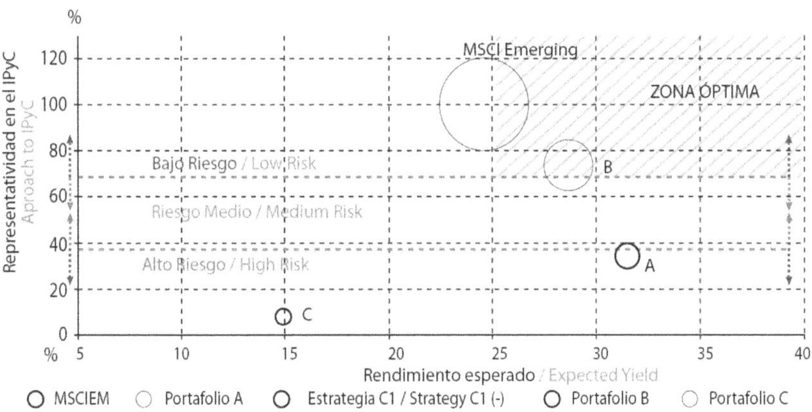

Fuente: MSCI / BMV.

2. Detrás de la gráfica

El cuadro siguiente contiene la información con la cual se construyeron los portafolios para la gráfica riesgo-rendimiento anterior. Asimismo, indica el peso de cada mercado accionario (país) sobre el total del índice MSCI *Emerging*.

El cuadro está ordenado por tres regiones Asia, Europa, Medio Oriente y África –EMOA– y América Latina. Se indican también los pesos o ponderaciones que para cada portafolio (A, B y C) se decidieron en cada región y/o país.

Además, incluye pronósticos hipotéticos por índice a una misma fecha con objeto de hacer más clara la metodología del análisis y conformación de un portafolio regional.

El rendimiento esperado (RENDIM) para el MSCI *Emerging* y cada portafolio se obtiene de la suma (ponderación) que resulta de multiplicar el pronóstico del índice bursátil de cada país (PRON ÍNDICE) por el peso que cada portafolio elige en cada país.

Cuadro 18.3. Datos estructurales del MSCI *Emerging* y tres portafolios hipotéticos

MSCI	Peso					Rendimiento esperado			
Emerging	MSCI	PORT.A	PORT.B	PORT.C	Pron Índice	MSCI	PORT.A	PORT.B	PORT.C
	100.00%	**100.00%**	**100.00%**	**100.00%**					
Asia	**58.06%**	**50.00%**	**50.00%**	**0.00%**					
China	18.50%	50.00%	25.00%		**34.00%**	6.29%	17.00%	8.50%	0.00%
India	7.84%		10.00%		**28.00%**	2.20%	0.00%	2.80%	0.00%
Indonesia	2.35%				**14.00%**	0.33%	0.00%	0.00%	0.00%
Corea	13.41%		15.00%		**16.00%**	2.15%	0.00%	2.40%	0.00%
Malasia	3.11%				**12.00%**	0.37%	0.00%	0.00%	0.00%
Filipinas	0.49%				**14.00%**	0.07%	0.00%	0.00%	0.00%
Taiwan	10.69%				**10.00%**	1.07%	0.00%	0.00%	0.00%
Tailandia	1.67%				**13.00%**	0.22%	0.00%	0.00%	0.00%
EMOA	**18.51%**	**0.00%**	**20.00%**	**100.00%**					
Rep. Checa	0.41%				**19.00%**	0.08%	0.00%	0.00%	0.00%
Egipto	0.51%				**15.00%**	0.08%	0.00%	0.00%	0.00%
Hungría	0.42%				**7.00%**	0.03%	0.00%	0.00%	0.00%
Marruecos	0.17%				**9.40%**	0.02%	0.00%	0.00%	0.00%
Polonia	1.48%				**10.10%**	0.15%	0.00%	0.00%	0.00%

Rusia	6.36%		10.00%	100.00%	**15.00%**	0.95%	0.00%	1.50%	15.0%
Sudáfrica	7.39%		10.00%		**50.00%**	3.70%	0.00%	5.00%	0.00%
Turquía	1.77%				**27.80%**	0.49%	0.00%	0.00%	0.00%
AL	**23.43%**	**50.00%**	**30.00%**	**0.00%**					
Brasil	15.91%	50.00%	25.00%		**29.00%**	4.61%	14.50%	7.25%	0.00%
Chile	1.75%				**25.40%**	0.44%	0.00%	0.00%	0.00%
Colombia	0.95%				**30.00%**	0.29%	0.00%	0.00%	0.00%
México	4.14%		5.00%		**26.00%**	1.08%	0.00%	1.30%	0.00%
Perú	0.68%				**19.70%**	0.13%	0.00%	0.00%	0.00%
REPRES.	100.00%	34.41%	73.55%	6.36%	[illegible]	24.73%	31.50%	28.75%	15.0%
Países	**21**	**2**	**7**	**1**					

Fuente: MSCI / BMV.

3. Plan B: portafolio de tres acciones (Ishares)

Al igual que en el mercado accionario local (México), se puede replicar la filosofía de este método con pocos Ishares al considerar 70% del total en uno que replique el mismo índice MSCI *Emerging*.

Cuadro 18.4. Análisis riesgo-rendimiento MSCI *Emerging* vs. portafolio de tres Ishares

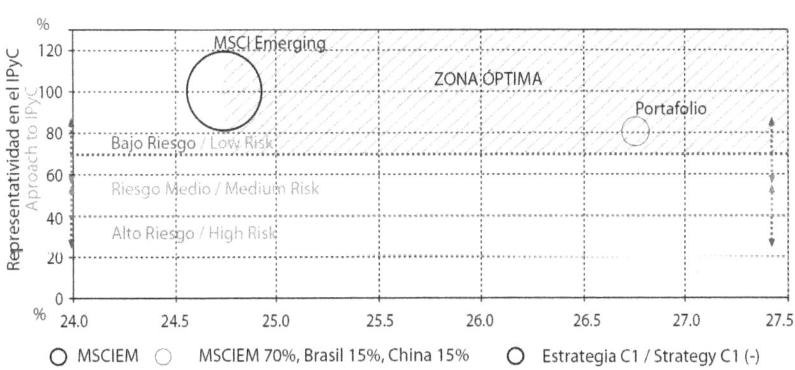

Cuadro 18.5. Portafolio de tres acciones (Ishares)

MSCI	Peso			Rendimiento esperado	
Emerging	MSCI	PORT.3A	PRON INDICE	MSCI	PORT.3A
	100.00%	**100.00%**			
MSCI (Ishare)		**70.00%**	**24.73%**		**17.31%**
ASIA	**58.06%**	**15.00%**			
China	18.50%	15.00%	**34.00%**	6.29%	5.10%
India	7.84%		**28.00%**	2.20%	0.00%
Indonesia	2.35%		**14.00%**	0.33%	0.00%
Corea	13.41%		**16.00%**	2.15%	0.00%
Malasia	3.11%		**12.00%**	0.37%	0.00%
Filipinas	0.49%		**14.00%**	0.07%	0.00%
Taiwan	10.69%		**10.00%**	1.07%	0.00%
Tailandia	1.67%		**13.00%**	0.22%	0.00%
EMOA	**18.51%**	**0.00%**			
República Checa	0.41%		**19.00%**	0.08%	0.00%
Egipto	0.51%		**15.00%**	0.08%	0.00%
Hungría	0.42%		**7.00%**	0.03%	0.00%
Marruecos	0.17%		**9.40%**	0.02%	0.00%
Polonia	1.48%		**10.10%**	0.15%	0.00%
Rusia	6.36%		**15.00%**	0.95%	0.00%
Sudáfrica	7.39%		**50.00%**	3.70%	0.00%
Turquía	1.77%		**27.80%**	0.49%	0.00%

AL	**23.43%**	**15.00%**			
Brasil	15.91%	15.00%	**29.00%**	4.61%	4.35%
Chile	1.75%		**25.40%**	0.44%	0.00%
Colombia	0.95%		**30.00%**	0.29%	0.00%
México	4.14%		**26.00%**	1.08%	0.00%
Perú	0.68%		**19.70%**	0.13%	0.00%
REPRESENT.	100.00%	80.00%		24.75%	31.50%

4. Los índices de referencia de MSCI

El cuadro siguiente recuerda el peso del mercado accionario de cada país, pero en una categoría global que incluye tanto países desarrollados como emergentes.

Cuadro 18.6. Peso del mercado accionario por país

País	*Componentes	Mark. Cap (mdd)	Peso (%)
Australia	72	771,269.94	3.28%
Austria	8	29,232.16	0.12%
Bélgica	13	89,301.63	0.38%
Brasil	76	504,212.18	2.15%
Canadá	99	1,057,278.82	4.50%
Chile	16	55,535.46	0.24%
China	124	585,996.43	2.49%
Colombia	8	29,696.57	0.13%

República Checa	4	12,922.12	0.06%
Dinamarca	11	93,544.94	0.40%
Egipto	10	16,252.33	0.07%
Finlandia	17	98,485.11	0.42%
Francia	77	912,656.09	3.88%
Alemania	50	713,838.66	3.04%
Grecia	9	28,927.61	0.12%
Hong Kong	40	241,393.90	1.03%
Hungría	4	13,255.31	0.06%
India	60	248,540.34	1.06%
Indonesia	22	74,597.57	0.32%
Irlanda	5	22,830.62	0.10%
Israel	16	77,559.76	0.33%
Italia	30	269,563.19	1.15%
Japón	341	2,100,806.33	8.94%
corea	99	424,724.45	1.81%
Malasia	40	98,467.62	0.42%
México	**21**	**131,247.73**	**0.56%**
Marruecos	3	5,310.68	0.02%
Países Bajos	21	240,036.96	1.02%
Nueva Zelanda	5	9,563.32	0.04%
Noruega	9	71,978.58	0.31%

Perú	3	21,450.51	0.09%
Filipinas	12	15,666.38	0.07%
Polonia	22	47,035.90	0.20%
Portugal	9	26,504.71	0.11%
Rusia	28	201,490.76	0.86%
Singapur	30	159,832.25	0.68%
Sudáfrica	45	234,221.62	1.00%
España	28	351,600.98	1.50%
Suecia	32	273,525.88	1.16%
Suiza	37	764,180.67	3.25%
Taiwan	118	338,824.82	1.44%
Tailandia	20	52,818.98	0.22%
Turquía	20	56,077.18	0.24%
Reino Unido	105	2,040,232.79	8.68%
EE.UU.	592	9,880,407.68	42.06%
TOTAL	**2411**	**23,492,897.54**	**100.00%**

Nota: *Número de acciones que conforma cada índice.

Fuente: MSCI.

5. Ejemplo información y análisis

Esta sección comparte información real diseñada para estrategias internacionales.

Cuadro 18.7. Análisis integral para estrategias internacionales

País	IShare	Índice Subyacente	Participación				Rendim. Históricos (USD)			Múltiplo P/U		
			Global	Desarr.	Emerg.	BRIC	2010	12M	Actual	Máximo	Mínimo	Prom. 5a
Alemania	EWG	MSCI Germany	3.18%	3.70%			6.0%	12.2%	14.65	70.83	8.00	17.62
Australia	EWA	MSCI Australia	3.43%	4.00%			6.5%	6.9%	18.91	62.96	8.62	20.05
Austria	EWO	MSCI Austria	0.13%	0.15%			9.2%	2.0%	12.94	115.96	3.65	16.84
Bélgica	EWK	MSCI Belgium	0.39%	0.45%			11.5%	17.0%	12.80	24.88	4.37	12.94
Brasil	EWZ	MSCI Brazil	2.28%		16.54%	33.94%	5.2%	10.7%	13.61	19.09	6.69	13.42
Canadá	EWC	MSCI Canada	4.43%	5.16%			9.8%	9.5%	18.65	23.11	8.06	17.14
Chile	ECH	MSCI Chile	0.24%		1.73%		31.7%	48.8%	21.77	26.25	12.06	20.10
China	FXI	MSCI China	2.48%		18.00%	36.94%	3.2%	4.2%	14.87	30.65	6.54	16.78
Colombia	--	MSCI Colombia	0.12%		0.89%		56.0%	46.7%	24.96	29.59	10.73	19.51
Corea	EWY	MSCI Korea	1.84%		13.36%		12.4%	18.6%	10.84	29.97	7.69	13.78
Dinamarca	--	MSCI Denmark	0.41%	0.47%			25.0%	22.3%	24.47	39.78	9.05	19.19
Egipto	--	MSCI Egypt	0.06%		0.47%		7.0%	-1.3%	12.62	22.74	5.05	13.62
España	EWP	MSCI Spain	1.51%	1.76%			-8.9%	-3.8%	10.79	16.37	5.85	11.44
EE.UU.	IVV	S&P 500	41.77%	48.65%			4.9%	9.0%	15.51	26.16	12.31	18.45
Filipinas	--	MSCI Philippines	0.07%		0.53%		35.9%	39.1%	20.87	21.60	9.82	15.38

Finlandia	--	MSCI Finland	0.45%	0.52%			13.9%	16.6%	21.44	94.74	8.00	21.04
Francia	EWQ	MSCI France	4.05%	4.72%			1.1%	7.0%	14.91	37.52	8.15	15.93
Grecia	--	MSCI Greece	0.12%	0.14%			-30.5%	-46.3%	9.84	21.63	4.59	12.97
Holanda	EWN	MSCI Netherlands	1.06%	1.23%			5.8%	11.7%	12.00	1,324.16	3.84	23.26
HongKong	EWH	MSCI Hong Kong	1.07%	1.24%			20.3%	12.0%	12.65	26.72	5.60	13.97
Hungría	--	MSCI Hungary	0.06%		0.43%		3.5%	1.5%	15.83	21.61	2.75	10.23
India	--	MSCI India	1.13%		8.18%	16.79%	20.6%	25.2%	21.38	29.22	9.17	19.87
Indonesia	--	MSCI Indonesia	0.33%		2.40%		32.4%	34.4%	19.18	19.60	6.23	15.08
Irlanda	--	MSCI Ireland	0.09%	0.11%			-13.6%	-15.2%	-	31.93	3.04	13.81
Italia	EWI	MSCI Italy	1.14%	1.33%			-6.9%	-6.9%	12.81	27.41	4.40	12.53
Japón	EWJ	MSCI Japan	8.45%	9.84%			4.9%	3.5%	18.14	31.70	10.02	20.60
Malasia	EWM	MSCI Malasya	0.40%		2.89%		29.5%	30.5%	18.22	22.55	9.50	15.24
Mexico	**NAFTRAC**	**IPC**	**0.58%**		**4.18%**		**13.9%**	**20.3%**	**19.05**	**22.93**	**8.69**	**15.72**
Marruecos	--	MSCI Morocco	0.02%		0.16%		7.6%	-3.0%	16.54	30.64	12.93	21.80
Noruega	--	MSCI Norway	0.32%	0.37%			-1.9%	5.5%	14.71	71.34	4.97	17.36
N. Zelanda	--	MSCI New Zeland	0.04%	0.05%			-2.9%	-5.3%	16.61	53.06	8.58	20.36
Perú	--	MSCI Peru	0.09%		0.67%		38.4%	29.9%	20.34	28.34	6.04	13.96

País	IShare	Índice subyacente	Participación				Rendim. Históricos (USD)			Múltiplo P/U		
			Global	Desarr.	Emerg.	BRIC	2010	12M	Actual	Máximo	Mínimo	Prom. 5a
Polonia	--	MSCI Poland	0.22%		1.56%		11.9%	20.3%	13.75	51.02	6.11	16.49
Portugal	--	MSCI Portugal	0.11%	0.13%			-3.4%	-0.4%	11.82	20.29	8.95	13.85
R. Unido	EWU	MSCI U. Kingdom	8.62%	10.03%			2.6%	7.6%	16.92	96.72	6.81	21.37
Rep. Checa	--	MSCI Czech Republic	0.05%		0.39%		84.8%	71.9%	14.23	23.86	7.19	15.65
Rusia	--	MSCI Russia	0.83%		6.00%	12.32%	4.7%	3.6%	7.67	18.07	2.46	10.04
Singapur	EWS	MSCI Singapur	0.68%	0.79%			15.2%	24.7%	16.42	18.01	5.73	14.04
Sudáfrica	EZA	MSCI South Africa	1.04%		7.54%		19.9%	21.0%	19.30	21.70	7.83	14.73
Suecia	EWD	MSCI Sweden	1.27%	1.48%			24.2%	25.8%	17.06	22.68	8.51	14.76
Suiza	EWL	MSCI Switzerland	3.13%	3.64%			6.2%	8.3%	13.78	83.73	12.47	25.37
Tailandia	THD	MSCI Thailand	0.23%		1.69%		46.7%	40.3%	15.57	23.58	5.98	12.64
Taiwan	EWT	MSCI Taiwan	1.46%		10.57%		-0.5%	7.8%	14.17	699.80	7.88	87.18
Turquía	TUR	MSCI Turkey	0.25%		1.82%		42.4%	38.0%	11.31	29.37	4.12	12.28
		TOTAL	100%	100%	100%	100%						
Mundial	ACWI	MSCI AC WORLD					4.6%	7.0%	15.72	33.11	9.19	16.88
Desarr.	IWRD	MSCI WORLD	85.86%				3.3%	5.6%	15.87	35.33	9.50	17.27
Emerg.	EEM	MSCI Emerging Markets	13.77%				13.0%	16.6%	14.84	23.14	6.73	14.49
Frontera	--	MSCI Frontier Markets	0.37%				13.2%	-0.2%	16.53	856.09	7.21	23.38
BRIC	BKF	MSCI BRIC	6.71%				8.9%	11.9%	13.73	21.09	12.54	16.70

Fuente: Bloomberg / Reuters / BMV.

6. Generales IShares

IShares fue una de las primeras familias de ETFs en traer al mercado mexicano ETFs que cotizan simultáneamente en otros mercados internacionales. Los primeros *ETFs IShares se admitieron para su cotización en el Segmento Internacional de Cotización (SIC) de la Bolsa Mexicana de Valores (BMV) en septiembre de 2004.

En agosto de 2010, existen 161 ETFs IShares listados en la BMV: 12 ETFs IShares locales y 149 ETFs IShares en el SIC. Estos instrumentos han tenido gran éxito entre los inversionistas mexicanos; a la fecha representan alrededor de 35% del importe total operado en la BMV. Se pueden vender en el mercado bursátil al precio vigente en cualquier momento durante las horas hábiles de operación.

***ETF** *(Exchange Traded Fund):* este novedoso y revolucionario instrumento de inversión permite reproducir con un alto grado de aproximación el rendimiento de los más diversos índices que representan ya sea a:

- Mercados como el NASDAQ, NYSE, BMV (Naftrac)

- Sectores específicos de la economía como el de tecnología, energía, comunicación.

- Principales empresas de países o regiones como Brasil, Hong Kong, Inglaterra, Japón, entre otros.

Asimismo, los fondos cotizantes permiten diversificar un portafolio de inversión internacionalmente. En este sentido, una cartera diversificada globalmente puede proporcionar las posibilidades de apreciación de capital ofrecidas por mercados en rápido crecimiento y por algunas de las compañías más prósperas del mundo.

La siguiente sección pretende contestar las preguntas más comunes asociadas a los IShares.

1. ¿Qué se entiende por un inversionista calificado?

Inversionistas calificados son todas aquellas personas físicas o morales con ingresos anuales mayores a 500,000 UDIS y activos de fácil realización por aproximadamente 1,500,000 UDIS, de acuerdo con lo que señala la Ley del Mercado de Valores.

2. ¿Cómo nace un ETF?

Los ETFs nacen a partir de la existencia de un índice. Los índices son *termómetros* del desempeño de un mercado, sector, país, región, etcétera. Una vez que BlackRock tiene las licencias de los índices, diseña el portafolio dependiendo del mismo: réplica total, en donde busca replicar al índice lo más exacto posible, y optimización, cuando busca replicar al índice con una muestra representativa de emisoras con énfasis en la eficiencia del manejo y la liquidez del instrumento.

3. ¿Cómo funciona un ETF?

Un ETF es lo mejor de dos mundos, ya que son canastas diversificadas compuestas por diferentes activos como: renta fija, renta variable o *commodities*, dependiendo del índice que buscan replicar, y operan como una acción a precios de mercado en la Bolsa Mexicana de Valores.

4. ¿Cuáles son los beneficios de los ETFs?

- **Accesibilidad:** exposición precisa e inmediata a un mercado, sector, país, región, etcétera.

- **Diversificación en una sola operación:** Transparencia, ya que las carteras se publican diario en iShares.com.mx, se operan a precio de mercado y se publica el NAV (*Net Asset Value*, por sus siglas en inglés) o valor teórico.

- **Eficiencia en costos ya que la comisión por corretaje va por separado:** Eficiencia operativa al operar como una acción.

5. ¿A través de quién puedo operar los ETFs IShares?

Los inversionistas pueden operar los ETFs IShares a través de un intermediario o casa de Bolsa.

6. ¿Se pueden operar los ETFs directamente con BlackRock?

BlackRock únicamente es el administrador de la cartera de los ETFs IShares, por lo cual no es posible operar los ETFs directamente con BlackRock. Los inversionistas puede operar los ETFs IShares a través de un intermediario o casa de Bolsa.

7. ¿Tienen los inversionistas en ETFs IShares algún tipo exposición a BlackRock en su calidad de administrador?

Los activos en un ETF IShares son independientes de BlackRock como administrador. Los activos del ETF no forman parte de ninguno de los pasivos de BlackRock y ninguno de los acreedores de BlackRock tiene acceso a dichos activos.

8. ¿En qué Bolsas se operan los ETFs IShares?

Los ETFs IShares se operan en las Bolsas de diferentes países como American Stock Exchange y NYSE Arca℠ en Estados Unidos; London Stock Exchange en Londres y la Bolsa Mexicana de Valores en México, entre otras.

9. ¿Cómo y cuándo se operan los ETFs IShares?

Los ETFs IShares se operan como una acción, con las mismas estrategias de operación (a mercado, órdenes limitadas) y durante los horarios normales de la sesión bursátil.

10. ¿Quién puede operar los ETFs?

Los ETFs IShares domiciliados en México listados en la Bolsa Mexicana de Valores pueden ser operados por cualquier inversionista, los domiciliados en Estados Unidos, Irlanda, Alemania y Canadá que están listados en el Sistema Internacional de Cotizaciones (SIC) de la BMV son sólo para inversionistas calificados.

11. ¿Qué es el NAV (*Net Asset Value*) o precio teórico de un ETF?

El precio teórico es aproximadamente igual al valor de los instrumentos que componen la cartera del ETF IShares más cualquier ingreso neto no distribuido. Cualquier diferencia entre el precio de mercado de un ETF IShares y el valor teórico del activo subyacente puede desencadenar actividades de arbitraje.

12. ¿Cómo funciona la liquidez de los ETFs IShares?

La liquidez se puede obtener de dos formas:

A) Mercado primario: es en donde se crean y cancelan las unidades de los ETFs. Estas actividades de creación y cancelación sólo pueden ser ejecutadas por Casas de Bolsa que firman un contrato de participante autorizado (AP, por sus siglas en inglés) con BlackRock.

El proceso de creación/cancelación inicia generalmente con los inversionistas. Los participantes autorizado son los responsables de comprar los títulos que corresponden dependiendo del ETF iShares y entregárselo al fiduciario quien a su vez le entregará al participante autorizado los «certificados» del ETF. Para la cancelación sería el proceso contrario.

B) Mercado secundario: es donde se ejecutan las transferencias de valores previamente creadas en el mercado primario, en donde los formadores de mercado (casas de Bolsa autorizadas por la BMV para promover la liquidez y establecer precios de referencia durante la sesión bursátil), se comprometen a mantener continuamente posturas de compra y venta por un importe mínimo de valores y con precios dentro del diferencial (*spread*) máximo establecido por la BMV, son los proveedores de liquidez.

13. ¿Cuál es el periodo de liquidación de los ETFs iShares?

Los ETFs IShares de renta variable local y todos los que operan en el SIC (internacionales) se liquidan en tres días hábiles (T+3); sólo los ETFs iShares de renta fija local se liquidan al día hábil siguiente (T+1).

14. ¿Al operar los ETFs IShares el inversionista está expuesto a cambios monetarios?

Sí. Las inversiones en ETFs domiciliadas fuera de México pueden involucrar riesgo de pérdida de capital derivado de las fluctuaciones del tipo de cambio de las divisas, así como por diferencias en los principios contables o por inestabilidad económica o política en otras naciones.

15. ¿Todos los ETFs IShares distribuyen remanentes?

No. La distribución depende de la metodología del índice, ya sea de retorno total o índices de precio (*market price return*).

16. ¿Cuál es la diferencia entre un ETF de retorno total y uno de *market price return*?

Un ETF de retorno total reinivierte los dividendos, por lo que no distribuye. Un ETF de *market price return* distribuye remanentes que tiene el portafolio. Toda la información correspondiente a las distribuciones, la puede encontrar en iShares.com.mx.

17. ¿Cuándo se publica la información de desempeño en la página IShares.com.mx?

La información sobre el desempeño de los ETFs IShares se publica el segundo día del mes/trimestre.

18. ¿Es posible tener un portafolio de inversión diversificado con ETFs IShares?

Sí. Con los ETFs IShares es posible tener un portafolio diversificado al combinar activos de bajas correlaciones y disminuir riesgos de concentración.

19

*MVLP... Otro método ganador

«Todo es muy difícil antes de ser sencillo».
Thomas Fuller

Hacia noviembre de 2009 introdujimos una metodología alterna para identificar mejores momentos para participar en Bolsa con un enfoque estrictamente fundamental y de muy largo plazo.

La propuesta contiene dos de los tres elementos que recomendamos debe contener una metodología:

1) sencillez, y

2) enfoque prioritario al riesgo.

El tercer elemento de integridad (incluir aspectos de selección de valores, de correcta diversificación; y de momento para participar) no aplica pues la metodología se realiza directamente en el IPyC a través de un fondo indizado (replica estructura IPyC) o del título Naftrac, con lo que la selección y distribución de valores está implícita. La metodología se identifica como *Momento por Valuación a Largo Plazo (MVLP).

Partiendo de la eterna sugerencia de no confundir precios con valuaciones (múltiplos) y entendiendo al múltiplo FV/Ebitda como un indicador que capta fundamentales de resultados operativos y grado de deuda de empresas, el MVLP identifica niveles históricos máximo, mínimo y promedio de FV/Ebitda a largo plazo y propone actuar en el IPyC cuando las valuaciones estén cerca de extremos.

Se trata del enfoque clásico que todo participante pretende encontrar para comprar a la baja y vender a la alza pero con criterios fundamentales y mucha disciplina. Su característica de sencillez es evidente, mientras que el cuidado de riesgo se entiende por la mayor probabilidad para un inversionista de que el IPyC comience a subir al comprar con valuaciones bajas y/o evitar caídas cuando las valuaciones resultan históricamente altas.

En once años (desde 1998 hasta casi finales de 2009) los niveles máximo, mínimo y promedio del FV/Ebitda del IPyC habían sido 5.04x, 10.09x, y 7.47x, respectivamente (hasta la terminación de este libro en septiembre de 2010 los niveles históricos seguían siendo los mismos). Determinando rangos óptimos de compra a partir de un múltiplo de 6.5x y de venta en 9.0x (no pretendemos comprar y vender exactamente en los niveles más bajos y más altos… que sean cercanos es suficiente) sucedieron seis señales en dicho periodo (tres de compra y tres de venta), siendo el mayor tiempo entre señales casi seis años (de 2002 a 2006).

La variación acumulada en el periodo fue de 1,527% vs. 640.9% de una variación permanente en el IPyC y una variación de 1,461.3% con nuestra propuesta de ET (Estrategia de Tenencias). Sistematizado el modelo para que determine rangos en promedios de últimos diez años determinando óptimos por desviaciones sobre el promedio histórico.

1. Ventajas y desventajas

Menor riesgo, atractivo resultado y poco seguimiento al detalle del mercado accionario a corto plazo son las ventajas más importantes del método MVLP.

No obstante, el método requiere disciplina a toda prueba y un verdadero compromiso a largo plazo, pues como ya señalamos pueden existir varios años en los que el inversionista permanece invertido o desinvertido ajeno a cualquier tipo de variables (estructurales, psicológicas, técnicas) que no tengan un efecto importante sobre la valuación (FV/Ebitda) del IPyC. Claramente no es un método para quien tiene un perfil *trader* o le gusta actuar de manera dinámica.

Nuestra función como estrategas y analistas apasionados y comprometidos es investigar, desarrollar metodologías y realizar propuestas... La decisión final será siempre del cliente.

2. Resultados... ¡Lo más importante!

Las gráficas siguientes indican los resultados teóricos obtenidos en los once años mencionados al llevar a cabo la metodología propuesta de Momento por Valuación a Largo Plazo (MVLP).

La grafica del múltiplo FV/Ebitda del IPyC indica los niveles de compra y venta óptimos encontrados en 6.5x y 9.0x respectivamente. Cada vez que el IPyC alcanzó un FV/Ebitda de 6.5x, se decidió participar en el mercado accionario hasta que no alcanzó un nivel de 9.0x, el cual se considera alto y se deja de participar. A partir de ese momento, el inversionista no vuelve a participar hasta que las valuaciones son nuevamente atractivas (cuando se deja de participar se invierte en un instrumento de deuda - Cete 28d).

El periodo de inversión más largo fue de de 2002 a 2006, cuando el mercado accionario registró una tendencia alcista muy positiva. El MVLP evitó invertir en la crisis de 2008 y sugería no invertir desde finales de octubre cuando el IPyC alcanzó un FV/Ebitda de 9.0x.

IMPORTANTE: La gráfica diaria del múltiplo FV/Ebitda está acompañada por la gráfica diaria del IPyC (Cuadro 19.1.). Resulta interesante identificar la diferencia entre los movimientos de ambos indicadores. La gráfica de múltiplos observa mayor volatilidad porque además del comportamiento en precios (que sólo afecta al IPyC) influyen los resultados financieros trimestrales en términos del Ebitda (utilidad operativa) y del nivel de deuda de las empresas.

Cuadro 19.1. Múltiplo FV/Ebitda (niveles óptimos) vs. IPyC

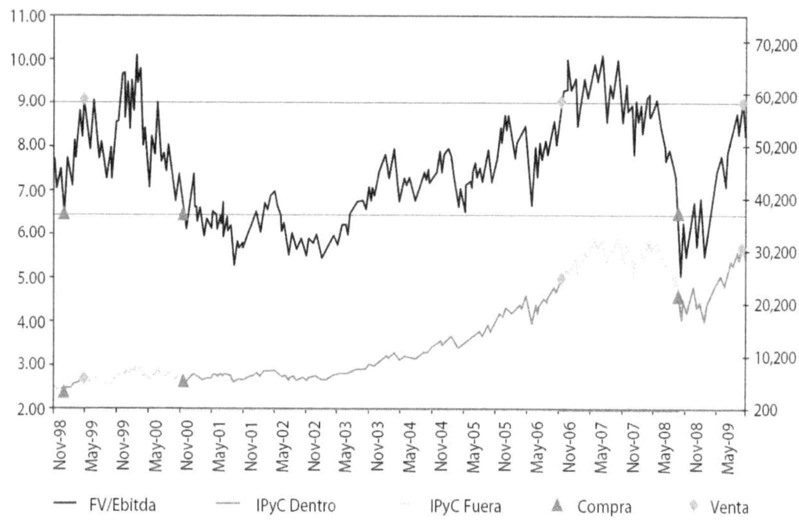

Fuente: BMV.

3. Resultados por año, comisiones y comparativos

El cuadro siguiente compara los resultados año por año y acumulados entre esta *nueva* metodología de Momento Fundamental a Largo Plazo (MFLP) con los resultados de una inversión permanente en el IPyC y nuestra tradicional estrategia de momento ET (Estrategia de Tendencias), propuesta que desde hace tiempo busca reacciones oportunas hacia posibles cambios de tendencias.

Se demuestran mejores resultados con la propuesta MVLP en acumulados de mayor plazo, sobre todo al considerar comisiones (son muy pocas señales de compra y venta), pero mejores señales anuales con la ET.

Como comentamos al inicio de este capítulo, los beneficios de cada una deberán evaluarse en función de la condición y el perfil de cada participante.

Lo más importante es insistir en que en ambas metodologías MFLP o ET tienen una orientación primordial y específica hacia el cuidado del riesgo del participante. Es absolutamente necesario entender los rendimientos en Bolsa como la consecuencia del cuidado del riesgo.

Cuadro 19.2. Comparativo de estrategias de momento: MVLP / ET / IPyC de manera permanente

	Rendimiento MVLP						Rendimiento Señales ET[4]				Rendimiento IPyC	
	Año	Acum.	C/ Coms.	SxA[1]	DD[2]	DF[3]	Año	Acum.	C/ Coms.	SxA	Año	Acum.
Nov-98	**2.9%**	1527.3%	1480.3%	0	0	31	-5.0%	1461.3%	799.5%	2	-0.3%	640.9%
1999	102.4%	1481.1%	1435.4%	2	79	174	**108.9%**	1543.7%	856.6%	7	80.0%	643.0%
2000	**12.7%**	681.4%	665.8%	1	18	232	-0.1%	686.7%	374.2%	13	-20.7%	312.7%
2001	12.7%	593.3%	583.1%	0	253	0	7.2%	687.5%	406.6%	13	12.7%	420.6%
2002	-3.8%	515.0%	505.9%	0	252	0	**5.2%**	634.9%	404.6%	12	-3.8%	361.8%
2003	43.5%	539.6%	530.2%	0	251	0	**47.3%**	598.9%	409.6%	2	43.5%	380.3%
2004	**46.9%**	345.5%	339.0%	0	257	0	42.5%	374.5%	249.5%	8	**46.9%**	234.6%
2005	37.8%	203.4%	198.9%	0	255	0	**37.9%**	233.1%	155.4%	10	37.8%	127.8%
2006	40.7%	120.1%	116.9%	1	231	19	**50.5%**	141.5%	94.7%	10	48.6%	65.3%
2007	5.1%	56.4%	54.9%	0	0	251	**18.9%**	60.4%	36.0%	11	11.7%	11.3%
2008	**7.2%**	48.8%	47.3%	1	60	190	5.6%	35.0%	20.9%	13	-24.2%	-0.4%
Nov-09	**38.8%**	38.8%	38.1%	1	198	14	27.7%	27.7%	22.1%	9	31.5%	31.5%
Total				6	1854	911				110		

Notas: [1]SxA: número de señales por año, [2]DD: días dentro, [3]DF: días fuera, [4]ET: Estrategia de Tendencias.

Fuente: BMV.

4. Recuerde: ¡valuaciones en vez de precios!

Como se habrá dado cuenta, el aspecto más importante de la metodología MVLP radica en el entendimiento de los múltiplos y no en los precios. Los participantes institucionales del mercado no invierten a partir del nivel de precio de una acción o del índice bursátil en un mercado, lo hacen a partir de valuaciones. Repetimos una forma sencilla de entender esta diferencia con el siguiente ejemplo: suponga que usted compró una empresa que genera utilidades de 20 pesos en 100 (rendimiento de 20%) y un año después la vende en 200 pesos… Muchos pensarían que su comprador la obtuvo más cara pues su precio fue 100% mayor al de usted. Sin embargo, si al venderla (un año después), la empresa genera utilidades de 100 pesos, equivalente a un rendimiento de 50%, entonces la empresa en realidad se compró más barata que la primera vez… Es decir: ¡no importó el precio!

Para valuar una empresa existen distintos métodos. Uno de los más conocidos y aceptados se refiere al empleo de múltiplos. Los múltiplos relacionan siempre el valor de mercado de la acción (o índice) con algún indicador financiero (económico) de la empresa. Algunos de los más conocidos son: en P/U, P/UN, P/FE, Firm Value/Ebitda, P/VL.

Aquí tiene usted un par de datos importantes relacionados con las valuaciones o múltiplos:

1) La información financiera (económica) que se utiliza para el cálculo de los múltiplos deberá corresponder siempre a periodos anuales de doce meses continuos ya sea conocida o estimados; y

2) Los inversionistas institucionales a diferencia de los *traders* tienen un horizonte a mayor plazo (más de tres años), realizan pocos movimientos (compra y venta) y seleccionan sus inversiones (empresas) a partir de criterios fundamentales como perspectiva sectorial, estimación de resultados, estructuras financieras, valuaciones, política de dividendos, consejo de administración, calidad del producto, etcétera. En el mundo, los inversionistas

institucionales se clasifican en globales o especializados (dedicados) en mercados ya sea desarrollados o emergentes. Estos últimos se subdividen en tres regiones (Europa, Medio Oriente y África –EMOA–, Asia y América Latina). El movimiento del IPyC depende en gran parte (85%) de inversiones institucionales especializadas en mercados emergentes.

Cuando el múltiplo está conformado en su denominador por algún concepto de utilidad o generación de flujo (ventas, utilidad operativa, utilidad neta, Ebitda) la lectura más común es: el tiempo (años) que tomaría para la empresa recuperar el precio que se está pagando hoy, suponiendo que dicha empresa tuviera la capacidad de generar dicho indicador económico (ventas, utilidad operativa, utilidad neta, Ebitda) consistentemente en periodos anuales. Por ejemplo, para una empresa que cotiza en la Bolsa cuyo precio de mercado es 8 pesos y su utilidad neta por acción (UPA) es 4 pesos, el múltiplo P/U (precio de mercado / utilidad neta por acción) sería de dos veces. Esto significa que en dos años (con un ritmo de utilidad similar) la empresa cubrirá su valor de mercado.

Cuadro 19.3. Valor de mercado

Empresa (por acción)	Precio	UPA	P/U
A	\$8.0	\$4.0	2.0x
B	\$8.0	\$2.0	4.0x

IMPORTANTE: De esta forma el inversionista busca siempre múltiplos bajos. Sin embargo, es importante identificar que el múltiplo bajo se derive de un crecimiento en utilidades y no de una caída en el precio, recuerden que el múltiplo se compone de dos factores. A esto se le llama «calidad del múltiplo».

En el cuadro siguiente se observa en el escenario 1 que el múltiplo se abarata seis meses después por una caída en el precio; en el escenario 2, el mismo abaratamiento seis meses después es resultado de un alza en la utilidad de la empresa… ¿Qué prefiere?

Cuadro 19.4. Escenarios

Escenario	Empresa (por acción)	Precio	UPA	P/U
1	A	$8.0	$4.0	2x
	(seis meses después)	$4.0	$4.0	1x
2	A	$8.0	$4.0	2x
	(seis meses después)	$8.0	$8.0	1x

El cuadro a continuación comenta diferentes tipos de múltiplos empleados, para continuar después con un cuento corto que ayudará a entender mejor la búsqueda o enfoque de crecimiento y/o de valor.

Cuadro 19.5. Tipos de múltiplos

Múltiplo	Fórmula	Lectura y/o comentario
P/U	Precio de acción / Utilidad neta por acción	Indica el número de años en los que en teoría, de ser repartida entre los accionistas la utilidad neta de la empresa, se tardaría en compensar (cubrir) el precio que actualmente se paga la acción en el mercado. Asume que la generación anual de utilidad neta será similar en los próximos años a la realizada al momento del cálculo del múltiplo. Otra forma de leer el múltiplo es la de utilizar el inverso (1/ Múltiplo) del mismo y considerarlo como una tasa de retorno. En México, este múltiplo es poco representativo por la volatilidad del mismo y lo poco representativo que resulta debido a que la contabilidad mexicana considera a nivel financiero (CIF) partidas que no necesariamente representan movimientos en flujos de efectivo. En 1997 por ejemplo, la partida de resultado por posición monetaria (relacionada con inflación) representó cerca de 46% de resultado neto de las empresas en Bolsa. En épocas de fuerte movimiento cambiario, las pérdidas cambiarias han observado también una proporción mayor a 50% del resultado neto. Su visión es de menor plazo.

P/UN (Utilidad normalizada)	Precio de acción / Utilidad neta + Intereses netos + Extraordinarias + % Impuestos.	Similar al concepto anterior. Sin embargo, reconoce las implicaciones de partidas que no representa flujo y las elimina. La idea es acercar el resultado neto a parámetros (criterios) internacionales.
P/FE	Precio de acción / Flujo de efectivo por acción	Concepto similar que considera el flujo de efectivo por acción.
Firm Value / Ebitda	(Valor de mercado + Pasivo c/ Cto. – Caja) / Utilidad operativa + depreciación	Concepto más evolucionado a partir de un resultado operativo al que suma la depreciación del costo de ventas, en donde además se incorpora al valor de mercado la deuda de costo y la caja (liquidez de la empresa).
P/VL	Precio de acción / Capital contable por acción	A diferencia de los anteriores utiliza como indicador financiero (económico) el valor en libros por acción, es decir, el valor que de acuerdo los libros de la empresa respalda a cada acción. Los múltiplos menores a 1x significan que los pesos que vale la empresa se venden a centavos.

Fuente: BMV.

4.1. ¿Crecimiento o valor?

Como se observa en el cuadro anterior, existen distintos tipos de múltiplos. En términos generales, los inversionistas toman decisiones de inversión a partir de dos tipos de criterios, los de crecimiento y los de valor.

5. Mi famoso cuento corto

Posiblemente ya escuchó usted este cuento corto. Asumo el riesgo de sonar aburrido o repetitivo, pero siempre he creído que es una buena forma de diferenciar los tipos de valuaciones: suponga que le propongo invertir en una de dos empresas a escoger de un mismo sector, en este caso, del sector comercio.

La información que les proporciono sobre cada una es la siguiente:

Primera empresa: una pequeña miscelánea ubicada en una colonia de clase media baja con un inmueble descuidado. No obstante, su generación de ingresos (ventas y utilidad operativa) ha sido extraordinaria desde hace un año que inició y se prevé pueda continuar así por lo menos un año más.

Segunda empresa: una cadena comercial de prestigio internacional, con presencia en todo el país y con varios años ya en el mercado. No obstante, por diversas razones sus ventas no han sido buenas desde hace algunos meses, y de hecho reportó pérdidas recientemente.

Con la información anterior... ¿Cuál acción decidiría comprar?... ¿está seguro?... ¿muy seguro?... Pues bien, la respuesta correcta es...

¡Cualquiera de las dos!

En efecto, por ahora no se trata de discutir los aspectos fundamentales de cada empresa, simplemente señalar que si usted se decidió por la primera empresa (miscelánea), seguramente consideró con mayor peso la importancia de los flujos de efectivo, la generación de utilidades a corto plazo. Es decir, posiblemente sin darse cuenta usted consideró los múltiplos precio/ventas, precio/flujo o precio/utilidad, aquellos en donde intervienen justamente las variables económicas de flujo y que se miden en periodos de doce meses. Esto significa preferir una inversión de menor plazo, usted prefirió el crecimiento.

Si por el contrario, usted prefirió a la segunda empresa (almacén de prestigio internacional), es porque consideró más importante los activos de la empresa, los inventarios, la marca, etcétera. En este caso, de manera consciente o no se refirió a un múltiplo precio/valor en libros o valor contable o VM/VS. En este caso su visión fue de mayor plazo, usted prefirió el valor.

En la *industria* del análisis bursátil se emplean por lo general dos tipos de múltiplos:

1) los conocidos: correspondientes a los últimos doce meses, que reflejan la situación del precio actual y de las variables financieras conocidas en el mismo periodo (ventas, utilidades, flujos, etcétera). Se recomienda su uso principalmente después del periodo de reportes trimestrales; y

2) los estimados: los de mayor preferencia y uso (mientras que la estimación sea confiable). Estos múltiplos se calculan utilizando el precio actual (conocido) y los indicadores financieros estimados para periodos de doce meses a futuro y/o de cierre de año. Cuando se estima un crecimiento importante en resultados (en México el crecimiento de los resultados financieros de las empresas se expresan en términos reales [sin inflación], la consecuencia es una disminución en el múltiplo (abaratamiento).

Cuadro 19.6. Múltiplos conocidos y estimados

Empresa (por acción)	Precio	UPA	P/U
A (Conocido)	$8.0	$4.0 (Últimos 12 meses)	2x (conocido)
A (Estimado)	$8.0	$8.0 (Estimada a cierre año)	1x (estimado)

6. El FV/Ebitda

Con objeto de encontrar un múltiplo que resultara más representativo para evaluar empresas en economías con volatilidad y contenido virtual en su contabilidad, el múltiplo precio/utilidad neta (P/U), evolucionó al *Firm value*/Ebitda o *Enterprise value*/Ebitda (valor de la empresa/utilidad antes de intereses, impuestos, depreciaciones y amortizaciones –*Earnings Before Interest, Taxes, Depreciation & Amortization*).

Para efectos prácticos, el Ebitda buscó responder a un flujo operativo de empresas. Éste se determina agregando a la utilidad operativa (ventas netas-costos de venta y gastos de operación) la depreciación que anteriormente se restaba como parte del costo de ventas por considerarse una partida virtual (es decir un concepto que en realidad no utiliza dinero de la empresa)... Como ya comenté, se trata de aproximarnos a un tipo de flujo.

En el caso de *Firm Value*, este se constituye por el valor de mercado (precio de mercado de la acción x número de acciones) + el pasivo con costo + (participación minoritaria x P/VL) – caja.

¿Por qué?... Imagine usted que le ofrecen invertir en acciones de dos empresas distintas (A y B) para elegir y usted sólo considera precio y Ebitda... Y resulta que ambas tienen el mismo precio y la misma utilidad operativa + depreciación (Ebitda).

Con dicha información, ambas emisoras parecen iguales...

Sin embargo, resulta ser que la segunda empresa (B), tiene cierto nivel de deuda, mientras que la primera no tiene deuda. Al incorporar la deuda al precio (*Firm Value*), automáticamente la segunda emisora se encarece reflejando una realidad.

La realidad es que cuando usted compra o participa en una empresa la compra con todo y su deuda... ¡Por eso es que el FV/Ebitda se considera ahora el múltiplo de crecimiento de mayor empleo!

Cuadro 19.7. Comparativo precio/Ebitda vs. *Firm Value*/Ebitda

	Empresas	Precio	Ebitda 12m		P/Ebitda
Antes	A	$10	$2		10/2 = 5x
	B	$10	$2		10/2 = 5x
	Empresas	Precio	Ebitda 12m	Deuda por acción	*Firm Value*/Ebitda
Después	A	$10	$2	-	(10+0)/2 = 5x
	B	$10	$2	$10	(10+10)/2 = 10x

7. Inverso múltiplo vs. tasa de interés

Existe una tradicional correlación inversa entre el comportamiento de las tasas de interés (Cete) y el comportamiento bursátil. Aunque es cierto que un contexto de tasas bajas invita a buscar mejores rendimientos en Bolsa a pesar de asumir mayor riesgo, la asociación entre ambos mercados se entiende mejor con este otro ejemplo: ¿cuánto sería la tasa de rendimiento mínima que usted buscaría para poner un negocio? Los más conservadores dirían no menos que la tasa del banco que asegura un rendimiento sin esfuerzo, los más agresivos podrían decir dos veces la misma tasa de referencia bancaria.

Actualmente la tasa efectiva del Cete 28d es de 4%, dos veces es 8%. Muchas empresas en Bolsa registran niveles de rentabilidad mayor a 8% siendo un factor de apoyo a la demanda bursátil. No siempre ha sido así, en una época las tasas en México fueron de 40% o más, el doble de dicha tasa equivalía a 80%, una rentabilidad difícil para cualquier empresa (no era momento para empresarios o Bolsa).

Partiendo de la importancia de analizar empresas por valuaciones (múltiplos) y no únicamente por precios, cabe recordar que otra forma de medir el resultado de un múltiplo es determinando su inverso y expresarlo como tasa de interés. Un múltiplo P/U de 2.0x (en dos años se recupera la inversión) correspondería un inverso y/o una tasa de interés de 50%.

Entendido lo anterior, resulta interesante comparar la tasa de retorno o de interés implícita en el inverso del múltiplo respecto a la tasa de interés de un instrumento de renta fija (Cetes). Algunos opinan que la tasa que se obtiene por el inverso del múltiplo debería ser siempre mayor a la de una alternativa de renta fija por el riesgo implícito en Bolsa. Sin embargo, también es cierto que al comprar una acción bajo la óptica de un inversionista patrimonial de largo plazo (muy recomendable), al rendimiento esperado por el pago de dividendos se debería sumar la tenencia de un activo real (parte proporcional de la empresa como accionista).

20 Antes de decidir

«Cuando tiene que decidir el corazón
es mejor que decida la cabeza».
Enrique Jardiel Poncela

La presencia de eventos difíciles, ya sea nuevos o permanentes, locales o internacionales, durante los ciclos de las economías y mercados financieros se traducen de manera lógica e inmediata en la búsqueda de seguridad por parte de los inversionistas (salida –venta– de activos con riesgo como acciones).

No obstante, estas *salidas en automático* no siempre resultan ser las más acertadas en términos de una correcta relación riesgo-rendimiento, y es que más allá de procesos metodológicos y herramientas que hemos comentado en distintos capítulos, es bien sabida la carencia de inteligencia emocional en la mayoría de nuestra especie que de manera coloquial se traduce en primero huyo y luego averiguo.

El objetivo de esta sección es señalar aspectos que como inversionista en Bolsa deberán estar presentes en momentos aparentemente difíciles relacionados específicamente con:

- realizar una lectura gráfica en dólares y no en pesos nominales;
- entender que la venta de una acción puede no relacionarse con variables fundamentales (se vende lo que se puede, no lo que se quiere), y

- entender los movimientos en un concierto internacional de mercados. En este caso, en la categoría de mercados emergentes.

Como en otros casos ya expuestos, es importante documentarlos puesto que he sido testigo de la recurrencia de los mismos. Para ello, hago referencia a lo ocurrido durante el segundo trimestre de 2010 cuando luego de un inicio de año muy favorable para el IPyC, tras alcanzar máximos históricos (hasta ese entonces), vinieron correcciones (bajas) importantes en los mercados accionarios internacionales ocasionadas por la debilidad del sistema financiero en España, por las dificultades en sus cajas de ahorro, y la creciente tensión entre las dos Coreas (luego que un submarino de Corea del Norte hundiera un barco y matara a 46 marinos de Corea del Sur, argumentando violación de aguas jurisdiccionales y alertando estar «listo para el combate»).

Dichos eventos se sumaban a las dudas sobre el futuro del euro, pues existía mucha dificultad para un grupo de países europeos que habían visto crecer de manera importante sus déficits fiscales durante la crisis de 2008, los denominados PIIGS y en los que se especulaba el incumplimiento de pagos.

1. Comportamiento gráfico en dólares

En aquellos días, más de un participante tomaba decisiones a partir del comportamiento gráfico del precio de sus acciones (análisis técnicos) y/o de comparaciones directas entre las variaciones de nuestra Bolsa respecto a otras en el mundo (índice Dow Jones, Nasdaq y/o S&P). Recuerde que el comportamiento que usted debe atender es en dólares, pues la mayor parte de los actores en nuestro mercado son internacionales y ellos miden sus resultados en dólares. La incertidumbre en ese momento había propiciado un nuevo debilitamiento en todas las monedas del mundo y si bien, la caída acumulada en el año (casi 5%) era similar en pesos nominales y en dólares, el movimiento a lo largo del año resultaba distinto (ver Cuadro 20.2.). Tan sólo una semana antes, la caída nominal en pesos del IPyC había sido de 3.72% pero en dólares de 7.17%.

Cuadro 20.1. Entorno bursátil-comparativo IPyC (pesos vs. dólares)

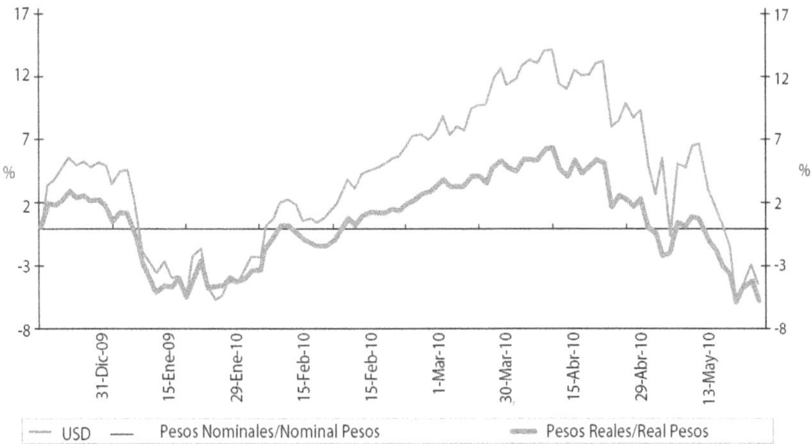

Cuadro 20.2. Máximos, mínimos y promedio (pesos vs. dólares)

	Máximo	Promedio	Mínimo	**Actual**
USD	**2,799.86**	**2,554.79**	**2,307.50**	**2,344.82**
Var. % desde máximo		-8.75%	-17.59%	**-16.25%**
Var. % contra promedio	9.59%		-9.68%	**-8.22%**
Pesos nominales	**34,134.23**	**32,284.20**	**30,289.49**	**30,289.49**
Var. % desde máximo		-5.42%	-11.26%	**-11.26%**
Var. % contra promedio	5.73%		-6.18%	**-6.18%**

Fuente: BMV.

2. Se vende lo que se puede

Como en otros momentos de precaución (mucho miedo), los inversionistas no vendían lo que querían, sino lo que podían, es decir, los títulos más bursátiles (más fácil realización) independientemente de los favorables aspectos fundamentales de cada emisora. Este grupo de acciones en México por lo general es el que conforma al propio índice bursátil.

3. Mejor que emergentes

A pesar de las dificultades, el comportamiento del IPyC en el acumulado del año hasta ese momento había sido proporcionalmente mejor al promedio de las Bolsas de los mercados emergentes (ver Cuadro 20.3.). Esta diferencia se explicaba no solamente porque el año anterior nuestra Bolsa había avanzado menos que muchos otros mercados accionarios emergentes (46% en dólares vs. más de 100% en muchos casos), sino porque los fundamentales de EE.UU. (país de mayor correlación económica y dependencia con nuestra economía) estaba mostrando hasta ese momento una mucho mejor condición que otros países en el proceso de recuperación luego de 2008.

Corea es el tercer país de mayor peso en la categoría de mercados emergentes accionarios con casi 14%, después de China (18.5%) y Brasil (14.5%). Un eventual conflicto militar en Corea podría originar una redistribución de flujos hacia mercados más seguros favoreciendo al nuestro (8° país en importancia con un peso de casi 5%). No obstante, antes de ello, existiría siempre un comportamiento de caída general.

Cuadro 20.3. Entorno bursátil-comparativo índices bursátiles

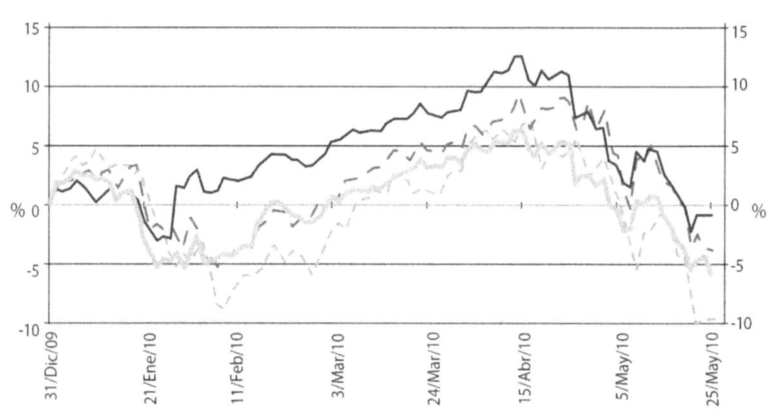

Fuente: US International Trade Commision.

21

En busca de *pisos*

«El caer no ha de quitar la gloria de haber subido».
Pedro Calderón de la Barca

Cada vez que se identifica un posible cambio de tendencia a la baja en el mercado accionario o que se valida e intensifica una tendencia de baja, los participantes tratan como siempre de anticipar los niveles de *piso* en el IPyC, es decir niveles en donde el mercado puede detener su caída para comenzar a subir.

Los actores tipo *traders* utilizan elementos técnicos relacionados con precios. Respetuosos de distintos estilos, le propongo un ejercicio de pisos por un enfoque fundamental a través de valuaciones (múltiplos FV/Ebitda).

1. ¿Hasta dónde?... por valuaciones

La idea básica es actualizar valuaciones y comparar después los niveles de IPyC correspondientes a distintas valuaciones (escenarios) de múltiplos FV/Ebitda (12m) usando como referencia niveles históricos. De hecho, esta idea básica es la que dio origen al método conocido como Modelo de Valuación a Largo Plazo (MVLP) comentado en la sección «Estrategias».

En octubre de 2009 por ejemplo, el nivel del índice bursátil luego de los reportes al tercer trimestre de ese año (3T09) y la baja acumulada de casi 7% desde máximos recientes era de 8.28x. El nivel nominal en pesos que podría alcanzar el IPyC para que su valuación fuera similar al promedio de los últimos tres años (FV/Ebitda 7.5x) era cercana a 26,000 pts. (25,970) que resultaba también la referencia inferior más próxima. Después de este nivel un múltiplo en 7.0x equivaldría a 24,238 pts.

En la nota que publicamos en aquel momento, recordamos que el mínimo del FV/Ebitda había sido de 5.0x en octubre de 2008, lo que equivalía a 17,313 pts. en ese momento. Por su parte, el máximo del IPyC en un múltiplo FV/Ebitda de 10.0x antes de la crisis se tendría en un IPyC con 34,626 pts.

Insistimos en señalar el carácter referencial y no necesariamente predictivo de estas valuaciones ya que históricamente y aunque importantes, las valuaciones por sí solas nunca han sido un catalizador absoluto para el comportamiento bursátil.

Cuadro 21.1. Referencias históricas de valuaciones (FV/Ebitda) y equivalencias en niveles del IPyC

Nivel IPyC	FV/Ebitda	Referencia histórica
34,626.69	10.00	Máximo tres años
32,895.36	9.50	
31,164.02	9.00	Máximo año 2009
29,432.69	8.50	Rebotes 2007
28,670.90	8.28	Actual (octubre 2009)
27,701.35	8.00	
25,970.01	7.50	Promedio último tres años
24,238.68	7.00	
22,507.35	6.50	
20,776.01	6.00	
17,313.35	5.00	Mínimo último 3 años (crisis 2008)

Fuente: BMV.

Ya se comentaba en la introducción del libro. No se preocupe porque la información que está leyendo hoy pudiera parecer no actualizada, lo que deberá permanecer en usted es la sugerencia de la herramienta o enfoque metodológico propuesto para que usted lo pueda demandar a nosotros como estrategas, analistas y asesores en cualquier momento.

Por cierto, el mismo concepto se aplica para identificar *techos* bajo en enfoque fundamental o de múltiplos.

22

Temporada de dividendos

«El hombre se diferencia del animal
en que bebe sin sed y ama sin tiempo».
José Ortega y Gasset

Mayo es el mes en el que tradicionalmente se concentra la mayor cantidad de pago de dividendos en efectivo que decretan las empresas que cotizan en Bolsa en México, con base en sus resultados (utilidades netas) del cierre del año previo. Por distintas razones, la política de pago de dividendos (el pago mismo) es en muchas ocasiones una variable inadvertida por los participantes en Bolsa. La realidad es que esta información debería ser de lo más importante para un accionista que entiende el sentido patrimonial de la inversión bursátil y elige las empresas que conforman su portafolio como si fuese dueño proporcional de las mismas.

1. *Dividend yield*: para identificar un buen dividendo

Una manera sencilla de medir la rentabilidad del pago de un dividendo en efectivo para un participante en Bolsa es comparar el importe del pago en efectivo vs. el precio de la acción. Este concepto es conocido como *dividend yield* (rendimiento del dividendo), por ejemplo un dividendo en efectivo de 0.10 pesos en una acción con un precio de mercado de 5 pesos equivale a un rendimiento de 2%. Para el mejor reconocimiento de dicho rendimiento se recomienda convertirlo en términos anuales y de esta manera es comparable con una tasa de interés del banco. En el caso anterior si el rendimiento se paga en dos meses, entonces el rendimiento anualizado es de 12% (2% x 6 bimestres en el año).

2. Claves: precio de la acción y días al vencimiento

Como consecuencia del cálculo descrito con anterioridad, el plazo al vencimiento y el precio de mercado actual de la acción resultan factores claves muy dinámicos (se modifican todos los días). Esto significa que si el precio de la acción baja, automáticamente el rendimiento mejora. Por otra parte, si el precio permanece constante, en la medida en que los días se acercan al vencimiento la anualización del rendimiento *dividend yield* se vuelve más alta.

El dinamismo de dichas variables (plazo y precio) propicia que el conocimiento de estos dividendos sea usado por muchos como ideas de *trading* o de corto plazo.

En la práctica, el pago de un dividendo en efectivo se refleja por lo general en un ajuste proporcional inmediato en el precio de mercado de la acción. Sin embargo, dichas emisoras ven recuperar sus precios en un tiempo relativamente corto, pues la baja en precio favorece a un menor múltiplo FV/Ebitda.

23

¡Defensiva, defensiva, defensiva!

«La mejor defensa es el ataque».
Anónimo

¡Efectivamente!... El título de este capítulo *suena* al grito que se escucha durante un evento deportivo, donde la afición al percibir una situación incierta o de riesgo demanda esta actitud a su equipo para asegurar el partido y de esta manera no perder.

El título me pareció más que apropiado para identificar la coincidencia en el tipo de estrategias en la selección de valores, que muchos participantes en el mercado accionario demandan en momentos en los que existe poca visibilidad sobre el futuro del mercado accionario, independientemente de la distribución de estos valores al momento de conformar un portafolio.

La información que ahora comparto le ayudará a identificar al grupo de emisoras consideradas históricamente defensivas en el mercado mexicano, debido a su atractiva política histórica de dividendos (reparto de utilidades anuales), la cual sugiere cierta protección.

Se trata de emisoras cuya relación de pago de dividendos por acción respecto al precio de mercado (*dividend yield*) resulta superior a una tasa libre de riesgo (Cete a 28 días) que al momento de escribir este libro se mantenía cerca de 4%.

Entre los nombres más bursátiles destacaban: Kimber, Gcarso, Gmexico y Cemex. Otras menos bursátiles son: Contal, Alsea, Arca y Asur.

1. Otras estrategias defensivas

Otras estrategias típicamente defensivas en ambientes inciertos son la elección de emisoras:

1) relacionadas con metales como el oro o la plata al ser considerados como tradicionales «activos de refugio» como Gmexico o Peñoles;

2) emisoras de comercio *puro* como Walmart, Soriana, o Chedraui, que al relacionarse con productos que no dejan de consumirse incluso en ambientes de crisis (puede cambiar la mezcla de consumo, pero eso es distinto), o

3) existe finalmente un grupo de inversionistas que como consecuencia de un ambiente complicado en otras empresas, agregan a su selección emisoras que puedan tener una condición de valuación (múltiplos FV/Ebitda) muy atractiva (cercanos a mínimos históricos) y/o de fuerte crecimiento sin importar su origen (fusión o adquisición).

2. Detalle de dividendo en efectivo

A continuación comparto con usted el historial de pago de dividendos de 2004 a septiembre de 2010, de emisoras con una bursatilidad alta y media. Otro criterio para esta lista fue incluir emisoras con atractivo pago de dividendo histórico, es decir, que en los últimos cinco años, por lo menos hayan pagado en cuatro de ellos (Gmexico es la excepción).

El pago de dividendo total de cada año se compara vs. el precio promedio de la acción en el año para determinar así el rendimiento *yield* (se promedian los *yield*). Para el año en curso, el precio que se considera es el promedio de lo que va del año y se incluyen también dividendos decretados, pero aún no pagados ya sean totales o parciales.

Cuadro 23.1. Resumen *yield* promedio U8A (orden descendente de *yield*)

BURSATILIDAD ALTA				BURSATILIDAD MEDIA			
Emisora	**Serie**	**Años c/ Div.**	***Yield***	**Emisora**	**Serie**	**Años c/ Div.**	***Yield***
Kimber	A	8	6.77%	Contal	*	8	7.74%
Gcarso	A1	7	4.61%	Alsea	*	7	6.35%
Gmexico	B	5	4.09%	Arca	*	8	5.42%
Cemex	CPO	7	3.63%	Asur	B	8	4.75%
Telmex	L	8	3.63%	Vitro	A	7	2.65%
Gruma	B	5	3.39%	Kof	L	7	1.20%
Gmodelo	C	7	2.95%	Tvaztca	CPO	8	0.20%
Tlevisa	CPO	7	2.95%				
Alfa	A	8	2.69%				
Peñoles	*	8	2.41%				
Gfinbur	O	7	1.58%				
Bimbo	A	8	1.31%				
Walmex	V	8	1.26%				
Femsa	UBD	8	1.12%				
Elektra	*	8	1.00%				
Comerci	UBC	7	0.96%				
Amx	L	8	0.93%				

Fuente: BMV.

Cuadro 23.2. *Yield* anual promedio U8A ordenado por nivel de bursatilidad

BURSATILIDAD ALTA

Emisora	Serie	Año	Dividendo Anual	Precio Promedio	Yield
KIMBER	A	2002	$1.720	$26.14	6.58%
		2003	$1.800	$25.89	6.95%
		2004	$1.880	$31.57	5.96%
		2005	$2.080	$36.58	5.69%
		2006	$4.740	$38.19	12.41%
		2007	$2.520	$48.87	5.16%
		2008	$2.680	$45.72	5.86%
		2009	$2.880	$52.08	5.53%
PROMEDIO					**6.77%**
GCARSO	A1	2003	$0.700	$31.21	2.24%
		2004	$0.700	$48.75	1.44%
		2005	$0.250	$36.03	0.69%
		2006	$2.300	$27.03	8.51%
		2007	$0.500	$40.48	1.24%
		2008	$7.600	$45.75	16.61%
		2009	$0.600	$38.09	1.58%
PROMEDIO					**4.61%**

Fuente: BMV.

Cuadro 23.3. *Yield* anual promedio U8A ordenado por nivel de bursatilidad

BURSATILIDAD ALTA					
Emisora	**Serie**	**Año**	**Dividendo Anual**	**Precio Promedio**	***Yield***
GMEXICO	B	2005	\$1.420	\$36.20	3.92%
		2006	\$2.360	\$31.66	7.45%
		2007	\$2.000	\$50.26	3.98%
		2008	\$2.180	\$53.00	4.11%
		2009	\$0.170	\$17.69	0.96%
PROMEDIO					**4.09%**
CEMEX	CPO	2002	\$2.000	\$48.91	4.09%
		2003	\$2.200	\$48.12	4.57%
		2004	\$2.350	\$66.43	3.54%
		2005	\$2.600	\$69.04	3.77%
		2006	\$1.460	\$33.22	4.40%
		2007	\$0.804	\$37.75	2.13%
		2008	\$0.868	\$29.69	2.92%
PROMEDIO					**3.63%**
TELMEX	L	2002	\$0.545	\$16.12	3.38%
		2003	\$0.605	\$16.84	3.59%
		2004	\$0.665	\$19.11	3.48%
		2005	\$0.455	\$14.51	3.14%
		2006	\$0.403	\$12.28	3.28%
		2007	\$0.450	\$17.55	2.56%
		2008	\$0.413	\$20.70	2.00%
		2009	\$0.860	\$11.33	7.59%
PROMEDIO					**3.63%**
GRUMA	B	2003	\$0.650	\$11.78	5.52%
		2004	\$0.700	\$20.20	3.47%
		2005	\$0.800	\$26.37	3.03%
		2006	\$0.850	\$32.99	2.58%

		2007	$0.850	$35.88	2.37%
PROMEDIO					**3.39%**
GMODELO	C	2002	$0.332	$23.97	1.38%
		2003	$0.541	$24.86	2.18%
		2004	$0.852	$28.78	2.96%
		2005	$1.050	$33.67	3.12%
		2006	$1.250	$40.93	3.05%
		2007	$2.080	$57.48	3.62%
		2008	$2.090	$48.17	4.34%
PROMEDIO					**2.95%**
TLEVISA	CPO	2003	$0.189	$17.86	1.06%
		2004	$1.220	$27.07	4.51%
		2005	$1.350	$35.57	3.80%
		2006	$0.350	$43.08	0.81%
		2007	$1.450	$63.69	2.28%
		2008	$0.750	$51.74	1.45%
		2009	$3.100	$45.95	6.75%
PROMEDIO					**2.95%**

Fuente: BMV.

Cuadro 23.4. Yield anual promedio U8A ordenado por nivel de bursatilidad

BURSATILIDAD ALTA

Emisora	Serie	Año	Dividendo anual	Precio promedio	*Yield*
ALFA	A	2002	$0.400	$16.33	2.45%
		2003	$0.649	$22.51	2.88%
		2004	$0.841	$41.67	2.02%
		2005	$3.593	$61.16	5.87%
		2006	$2.168	$56.47	3.84%
		2007	$1.080	$76.74	1.41%
		2008	$1.161	$74.40	1.56%
		2009	$0.690	$46.28	1.49%

PROMEDIO					**2.69%**
PEÑOLES	*	2002	$0.400	$16.48	2.43%
		2003	$0.250	$23.35	1.07%
		2004	$0.250	$49.48	0.51%
		2005	$1.260	$53.77	2.34%
		2006	$2.000	$79.80	2.51%
		2007	$5.500	$116.80	4.71%
		2008	$4.860	$321.35	1.51%
		2009	$8.670	$204.91	4.23%
PROMEDIO					**2.41%**
GFINBUR	O	2003	$0.150	$10.16	1.48%
		2004	$0.300	$16.38	1.83%
		2005	$0.300	$21.17	1.42%
		2006	$0.300	$16.85	1.78%
		2007	$0.400	$21.33	1.88%
		2008	$0.450	$33.40	1.35%
		2009	$0.500	$36.88	1.36%
PROMEDIO					**1.58%**
BIMBO	A	2002	$0.210	$18.91	1.11%
		2003	$0.210	$16.70	1.26%
		2004	$0.840	$24.51	3.43%
		2005	$0.280	$32.84	0.85%
		2006	$0.620	$35.63	1.74%
		2007	$0.400	$56.50	0.71%
		2008	$0.460	$68.25	0.67%
		2009	$0.460	$67.94	0.68%
PROMEDIO					**1.31%**
WALMEX	V	2002	$0.310	$26.79	1.16%
		2003	$0.370	$29.10	1.27%
		2004	$0.440	$35.71	1.23%
		2005	$0.630	$46.39	1.36%
		2006	$0.380	$31.35	1.21%

		2007	$0.510	$46.00	1.11%
		2008	$0.590	$45.95	1.28%
		2009	$0.610	$42.00	1.45%
PROMEDIO					**1.26%**

Fuente: BMV.

Cuadro 23.5. *Yield* anual promedio U8A ordenado por nivel de bursatilidad

BURSATILIDAD ALTA

Emisora	Serie	Año	Dividendo anual	Precio promedio	*Yield*
FEMSA	UBD	2002	$0.672	$38.29	1.76%
		2003	$0.402	$39.28	1.02%
		2004	$0.537	$50.93	1.05%
		2005	$0.667	$66.68	1.00%
		2006	$0.885	$93.33	0.95%
		2007	$1.333	$127.22	1.05%
		2008	$0.485	$45.99	1.05%
		2009	$0.485	$46.56	1.04%
PROMEDIO					**1.12%**
ELEKTRA	*	2002	$0.125	$37.81	0.33%
		2003	$0.773	$34.64	2.23%
		2004	$1.033	$73.61	1.40%
		2005	$1.110	$85.62	1.30%
		2006	$1.310	$111.83	1.17%
		2007	$1.510	$168.98	0.89%
		2008	$1.290	$327.17	0.39%
		2009	$1.500	$538.98	0.28%
PROMEDIO					**1.00%**
COMERCI	UBC	2002	$0.107	$6.27	1.71%
		2003	$0.107	$7.15	1.50%
		2004	$0.112	$12.70	0.88%
		2005	$0.123	$13.59	0.91%
		2006	$0.138	$18.90	0.73%
		2007	$0.139	$29.49	0.47%

		2008	$0.160	$30.10	0.53%
PROMEDIO					**0.96%**
AMX	L	2002	$0.043	$7.65	0.56%
		2003	$0.056	$10.62	0.53%
		2004	$0.105	$21.39	0.49%
		2005	$0.118	$22.40	0.52%
		2006	$0.118	$18.76	0.63%
		2007	$0.200	$26.37	0.76%
		2008	$0.260	$30.07	0.86%
		2009	$0.800	$25.95	3.08%
PROMEDIO					**0.93%**

Fuente: BMV.

Cuadro 23.6. *Yield* anual promedio U8A ordenado por nivel de bursatilidad

			BURSATILIDAD MEDIA		
Emisora	**Serie**	**Año**	**Dividendo anual**	**Precio promedio**	***Yield***
CONTAL	*	2002	$0.750	$15.08	4.97%
		2003	$0.750	$16.11	4.66%
		2004	$1.250	$18.91	6.61%
		2005	$3.500	$18.97	18.45%
		2006	$1.750	$18.68	9.37%
		2007	$1.250	$24.14	5.18%
		2008	$2.000	$29.10	6.87%
		2009	$1.500	$25.66	5.85%
PROMEDIO					**7.74%**

Cuadro 23.7. *Yield* anual promedio U8A ordenado por nivel de bursatilidad

			BURSATILIDAD MEDIA		
Emisora	**Serie**	**Año**	**Dividendo anual**	**Precio promedio**	***Yield***
ALSEA	*	2002	$0.083	$1.57	5.29%
		2003	$0.036	$2.03	1.77%
		2004	$0.593	$4.42	13.42%
		2005	$0.728	$6.09	11.95%
		2006	$1.132	$10.84	10.44%
		2007	$0.106	$17.85	0.59%
		2009	$0.069	$7.18	0.96%
PROMEDIO					**6.35%**
ARCA	*	2002	$0.650	$20.10	3.23%
		2003	$1.300	$17.90	7.26%
		2004	$1.500	$22.15	6.77%
		2005	$1.650	$23.23	7.10%
		2006	$1.950	$26.98	7.23%
		2007	$2.000	$40.13	4.98%
		2008	$0.950	$40.73	2.33%
		2009	$1.400	$31.53	4.44%
PROMEDIO					**5.42%**
ASUR	B	2002	$1.480	$12.45	11.89%
		2003	$0.500	$15.15	3.30%
		2004	$0.560	$24.28	2.31%
		2005	$0.620	$35.05	1.77%
		2006	$0.682	$36.72	1.86%
		2007	$0.750	$50.86	1.47%
		2008	$2.000	$61.30	3.26%
		2009	$6.280	$51.69	12.15%
PROMEDIO					**4.75%**
VITRO	A	2002	$0.250	$9.38	2.67%
		2003	$0.360	$8.46	4.26%
		2004	$0.300	$11.72	2.56%
		2005	$0.300	$10.62	2.82%
		2006	$0.300	$11.12	2.70%
		2007	$0.370	$23.77	1.56%

		2008	$0.400	$20.01	2.00%
PROMEDIO					**2.65%**
KOF	L	2002	$0.394	$22.32	1.76%
		2004	$0.282	$24.76	1.14%
		2005	$0.336	$28.07	1.20%
		2006	$0.376	$33.17	1.13%
		2007	$0.438	$41.63	1.05%
		2008	$0.512	$56.78	0.90%
		2009	$0.728	$59.10	1.23%
PROMEDIO					**1.20%**

Fuente: BMV.

Cuadro 23.8. Yield anual promedio U8A ordenado por nivel de bursatilidad

			BURSATILIDAD MEDIA		
Emisora	**Serie**	**Año**	**Dividendo anual**	**Precio promedio**	***Yield***
TVAZTCA	CPO	2002	$0.016	$3.99	0.41%
		2003	$0.016	$4.35	0.38%
		2004	$0.016	$6.45	0.24%
		2005	$0.011	$6.20	0.18%
		2006	$0.010	$7.18	0.14%
		2007	$0.008	$9.25	0.09%
		2008	$0.008	$45.95	0.02%
		2009	$0.007	$5.54	0.13%
PROMEDIO					**0.20%**

Fuente: BMV.

Tercera parte
Capítulos de conocimiento

24

¿A quién le pregunto?

«No hay cosa más fácil que dar un consejo
ni más difícil que saberlo tomar».
Lope de Vega

En alguna ocasión, un buen amigo me pidió un consejo sobre créditos hipotecarios. Siendo muy honesto (lo considero el primer requisito de una buena amistad), de inmediato le comenté que prefería presentarlo con un especialista... ¿pero si tú eres financiero?, me contestó... ¡Efectivamente pero en inversión bursátil!

Por bien intencionado que pueda ser la opinión de un amigo, será siempre mejor la de un especialista. Me imagino a mi mismo queriendo mejorar mi entrenamiento en bicicleta, buscando un buen libro de Michael Jordan en vez de uno de Lance Armstrong... Los dos han sido extraordinarios deportistas, pero con especialidades distintas.

Hablando de especialistas en inversión posiblemente usted ya haya escuchado sobre Warren Buffett, quien es considerado uno de los mejores inversionistas de todos los tiempos.

Yo comencé a saber de sus conceptos muchos años después de haber iniciado mi actividad profesional bursátil. He podido vivir en carne propia, atestiguar y hacer míos muchos de estos principios.

Sin duda, he necesitado vivir muchos errores para entenderlos mejor, pero de haberlos conocido antes seguramente me hubiesen ayudado mucho.

Al momento de escribir este texto, el Sr. Buffett era el tercer hombre más rico del mundo (después de Carlos Slim y Bill Gates), y en 2006 causó revuelo al donar a la fundación Bill & Melinda Gates, 80% de su fortuna, es decir, unos 37,000,000,000 de dólares. Ésta fue la donación individual más grande hecha en la historia de Estados Unidos.

Este gurú de la Bolsa ha legado al mundo una amplia gama de enseñanzas. Una de ellas: en 1964, un escándalo llevó las acciones de American Express a 35 dólares. Mientras el resto vendía, Buffett acumulaba títulos. Al año siguiente, habían doblado su precio.

Este es su decálogo:

1. Invertir sólo en negocios controlables

Buffett nunca invierte en negocios que no comprende. Desde joven se preocupó por saber cómo funcionaban las compañías en las quería invertir. Aunque es amigo de Gates, nunca invirtió en Microsoft.

2. Tener la paciencia como virtud

Cuando encuentra una candidata, analiza su negocio y su mercado y espera hasta conseguir el precio adecuado. Le gusta ir a la caza de acciones que cotizan por debajo de su valor real.

3. Mirar siempre a largo plazo

Buffett tiene una premisa: «nuestro horizonte preferido es para siempre».

4. Diversificar sólo lo necesario

Según Buffett, «una diversificación amplia sólo es necesaria cuando el inversor no entiende lo que está haciendo». Considera que «el riesgo se reduce concentrándose en unos pocos valores».

5. Tener muy claro el perfil de riesgo

El gurú americano recomienda no entrar en Bolsa si el inversionista no es capaz de asumir, sin entrar en situación de pánico, que la acción que adquiere puede perder 50% de su valor.

6. Comprar negocios, no acciones

Para Buffett, lo fundamental es el negocio. Siempre busca compañías con una dirección de calidad probada, unas tasas históricas mínimas de rentabilidad y una posición dominante.

7. Tener cautela ante el optimismo

Para Buffett, «el optimismo es el enemigo del inversor racional». Recomienda ser precavidos cuando los demás están eufóricos y pasar a ser optimistas cuando los demás empiezan a tener miedo.

8. No dejarse arrastrar por las modas

El inversor debe ser consecuente con su perfil de riesgo. Warren Buffett es reacio a dejarse llevar por las modas. Por ejemplo, le fue bien cuando se quedó, a fines de los años noventa, al margen del *boom* de Internet.

9. Tener habilidad para decir no

El tercer hombre más rico del mundo es partidario de decir no a una oportunidad. Según sus propias palabras, la habilidad para decir no es una ventaja tremenda para un inversor.

10. No ejercer de gurú

Como recomienda Buffett a través de una de sus citas: «No intentes predecir la dirección de los mercados, la economía, los tipos de interés o los procesos políticos. Vive el presente».

¿Qué le parece?… ¿Identifica alguno de ellos con muchos de los casos y experiencias comentadas?

Recuerde… «La peor experiencia es no aprender de la experiencia». Dicha experiencia puede ser nuestra o provenir de otro, de preferencia busque a un especialista honesto.

25

No es lo mismo y no es igual

«Sólo hay un bien: el conocimiento.
Sólo hay un mal: la ignorancia».
Sócrates

Con relativa frecuencia distribuimos entre participantes una nota categoría «Tutorial», que señala la conveniencia de identificar correctamente los distintos niveles de ganancia y/o pérdida que algunos participantes suponen al sumar las variaciones porcentuales en distintos plazos.

Aunque para algunos resulta demasiado obvio, este tipo de notas tutoriales reconocen que debido a las distintas formaciones y experiencias que existen entre los participantes del mercado accionario en México, el pretender generar notas y comentarios cuyos contenidos sean asimilados de la misma manera por todos nuestros usuarios resulta incorrecto.

La lectura de un movimiento porcentual no siempre coincide con el impacto económico final en términos de importes ($$$) o valuaciones, debido a la base o punto de partida de cada movimiento. El impacto económico de una variación a la baja (caída), siempre será mayor al de una recuperación posterior (alza) por la base de comparación. Ejemplo: supongamos un caso extremo (Cuadro 25.1.) en donde la Bolsa cae 50% un día y al siguiente se recupera 50%… ¿Usted quedó tablas? En términos económicos ¡NO! Si el monto original fuera cien pesos, después de la baja su monto sería de cincuenta pesos y con el segundo día de alza de 50%, su monto llegaría a 75 pesos (el 50% de $50 es $25)… ¿Lo vio? No es lo mismo y tampoco es igual.

Cuadro 25.1. Impacto de una caída en Bolsa

Días	Var %	Var $	Importe acum.
			$100.0
1	-50.0%	-50.0	$50.0
2	50.0%	25.0	$75.0
TOTAL	**0.0%**	**- 25.0**	

1. En los precios

De manera similar pero contraria (por el principio de bases), la posible alza en el precio (potencial o *upside*) de una acción no necesariamente coincide con su caída observada en los últimos meses. El potencial al mismo nivel siempre será mayor, por ejemplo: si decimos que el precio de una acción cayó 50% desde su máximo de doce meses y se espera que en algún momento regrese al mismo nivel, el potencial de alza no será 50%, sino 100%... ¿Lo ve?

26

La ilusión estadística

«La estadística es una ciencia que demuestra que si mi vecino tiene dos coches y yo ninguno, los dos tenemos uno».

George Bernard Shaw

Ya en otros momentos hemos insistido en la necesidad de una mejor lectura (análisis) para distintos indicadores económicos y financieros que se publican al concluir un periodo de crisis, debido a que una base de comparación *fácil* origina un crecimiento importante, sin que esto necesariamente signifique un mejor resultado respecto a lo observado previo a dichas crisis.

Para entender mejor el tema de la ilusión estadística, repito un ejemplo que he compartido en otras publicaciones: supongamos una cifra o indicador económico-financiero (ventas, utilidades, unidades, etcétera) previo a la crisis de 2008 en un nivel de cien pesos. El ejemplo teórico supone una caída del mismo de 80% (Cuadro 26.1.) durante la crisis. Es decir existía una cifra original de cien pesos que bajó hacia un nivel de veinte pesos (A). A partir de dicho nivel, sucede una mejora marginal que hace que dicho número mejore y suba diez pesos (B), es decir 50% sobre la base de veinte pesos. Ello significa que *regresa* a treinta pesos.

Si bien la recuperación porcentual de la cifra es extraordinaria (50%), la realidad es que para la empresa o entidad que generó la cifra original de cien pesos, la caída sigue siendo de 70% (C), de cien a treinta pesos. Es así como pese a la gran recuperación, la cifra de treinta pesos sigue siendo menor que antes de la crisis.

Cuadro 26.1. Ilusión estadística

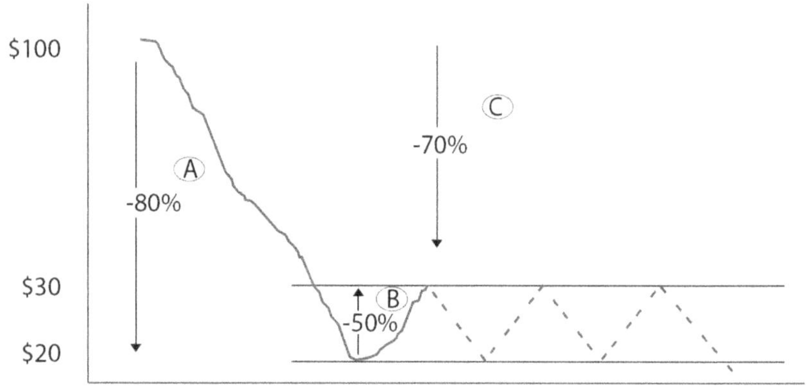

Durante los primeros meses de 2010 se originó nuevamente dicho fenómeno conocido como ilusión estadística. Por ello, los análisis que comparaban cifras del año en curso (2010) respecto a 2008 resultaban más convenientes (reales y útiles) que uno que compara las cifras respecto a 2009.

El Cuadro 26.2 compara las diferencias entre distintos indicadores económicos en México publicados en 2010 respecto a lo observado en 2009 y 2008. Claramente, las cifras vs. 2008 lucían menos fuertes que respecto a 2009: el PIB que al 2T10 avanzó 7.5% respecto al 2T09, en realidad disminuyó 3.2% vs. el 2T08.

La Inversión Extranjera Directa (IED) que en el mismo plazo crece 33.9%, pierde impulso al avanzar apenas 1% respecto al 2T08. Las exportaciones petroleras y manufactureras que a junio de 2010 registraban crecimientos anuales de 17.1% y 32.1% respectivamente, se sitúan 42.8% y 8% por abajo de lo registrado en julio 2008. El avance en remesas de 1.8% año a año hasta el mes de julio de 2010, se convierte en una baja de 14.6% al considerar la cifra de 2008, mientras que el crecimiento de 4.8% en los trabajadores asegurados en el IMSS de agosto 2009 a 2010 es en realidad 0.9% si la base fuera agosto 2008.

Cuadro 26.2. Comparativo indicadores económicos 2010 / 2009 / 2008

INDICADOR	2T10 /2T09	2T10 /2T08	Jul10 /Jul09	Jul10 /Jul08	Ago10 /Ago09	Ago10 /Ago08
PIB (precios constantes)	7.55%	-3.17%				
Exportaciones petroleras (dólares)			17.10%	-42.77%		
Exportaciones manufactureras (dólares)			32.10%	-8.04%		
Importaciones de bienes de consumo (dólares)			9.77%	-24.02%		
Inversión Extranjera Directa (dólares)	33.90%	1.00%				
Remesas (dólares)			1.84%	-14.61%		
Tipo de cambio					-0.82%	28.64%
Ventas internas de autos			9.77%	-27.38%		
Exportaciones de autos			57.94%	18.07%		
Confianza del consumidor					8.78%	-1.00%
Trabajadores asegurados en IMSS					4.85%	0.92%

Fuente: SHCP / Banxico.

1. En las cifras financieras de empresas en Bolsa

Por lo que toca al comparativo del total de las ventas y Ebitda en los primeros seis meses del año de una muestra de 94 empresas en Bolsa, la cifra de crecimiento nominal anual 2010 vs. 2009 fue de 12.8% y 15.9%, respectivamente. Sin embargo, en un comparativo de 2010 vs. 2008, el crecimiento en ventas se mantuvo en 12.8%, pero a nivel Resultado Operativo (Ebitda) disminuyó a 7.6%.

Aunque a nivel individual, cada resultado puede tener explicaciones específicas (ejemplo: fusiones y/o adquisiciones), en muchos casos resultó notoria la diferencia entre el crecimiento entre ambos periodos. Dentro del grupo de empresas que mantenían un mayor crecimiento en Ebitda (+20.0%) en el comparativo de ambos plazos (2009 y 2008), emisoras con cierta bursatilidad estaban: Ideal, Gissa, Lab, Herdez, Bolsa, Peñoles, Telint, Mexchem, Gcarso y Walmex.

El Cuadro 26.3. compara las variaciones nominales en ventas y Ebitda acumuladas en seis meses en los periodos 2010 vs. 2009 y 2010 vs. 2008. El cuadro se ordena de manera descendente a partir de los crecimientos en Ebitda observados del 2T10 vs. 2T08.

En el cuadro se identifican (sombra) emisoras con relativa mejor bursatilidad y cuyo crecimiento en Ebitda entre ambos periodos (2T10/2T09 y 2T10/2T08) es mayor a 20%.

Cuadro 26.3. Comparativo ventas y Ebitda (6M) / mdp

CLAVE	VENTAS / 2T2010	2T10/2T08	2T10/2T09	EBITDA / 2T2010	2T10/2T08	2T10/2T09
Total	915,102.6	12.8%	12.8%	207,606.5	7.6%	15.2%
Cnci	79.0	14.7%	7.7%	6.6	1789.7%	5.0%
Ideal	3,816.5	232.6%	35.7%	1,530.2	209.4%	118.6%
Aristos	106.2	98.0%	299.3%	37.6	183.7%	518.6%
Gissa	4,940.1	0.0%	32.5%	787.3	148.8%	515.4%
Pappel	5,319.0	4.8%	10.3%	415.7	124.4%	22.7%
Nutrisa	466.5	53.9%	29.2%	76.7	96.4%	25.6%
Sanluis	3,538.3	-2.1%	41.4%	487.5	95.4%	258.3%
Lab	2,456.8	110.3%	50.3%	507.5	86.4%	47.5%
Bimbo	57,074.6	45.1%	0.1%	7,166.5	83.4%	8.6%

Cicsa	5,710.1	-5.0%	-21.2%	544.4	76.8%	-23.8%
Bachoco	12,135.3	24.7%	2.3%	1,465.7	71.7%	-12.4%
Tmm	2,010.3	-14.5%	1.3%	601.3	70.6%	44.0%
Herdez	4,108.8	25.6%	3.7%	798.7	68.1%	30.9%
Ica	16,361.0	44.5%	10.9%	1,976.3	67.6%	7.3%
Bolsa	796.2	43.5%	20.8%	303.9	64.9%	20.0%
Peñoles	29,074.6	0.5%	56.5%	7,989.6	59.9%	116.6%
Telint	48,914.0	32.3%	15.3%	13,433.8	54.0%	35.3%
Mexchem	16,918.7	16.3%	14.5%	3,889.9	51.7%	26.3%
Pyp	114.2	-25.9%	-25.0%	24.4	47.6%	7.2%
Gph	6,619.8	13.0%	10.6%	886.3	46.4%	16.3%
Kuo	11,283.4	5.2%	20.5%	974.5	46.2%	16.2%
Gcarso	34,535.1	7.6%	12.0%	6,159.4	39.6%	23.1%
Walmex	153,274.3	33.8%	22.1%	14,801.7	38.7%	23.6%
Vasconi	638.9	-2.2%	1.3%	99.4	36.3%	7.0%
Alfa	65,943.0	10.0%	20.6%	7,661.3	33.5%	15.6%
Almaco	21,590.8	26.3%	26.8%	3,448.8	30.0%	46.3%
Kof	49,203.5	37.2%	6.2%	9,571.0	27.7%	9.2%
Cable	2,851.4	29.2%	8.7%	891.7	26.8%	1.8%
Gmd	1,176.8	45.6%	9.1%	156.3	26.1%	-0.1%
Cidmega	720.1	21.8%	2.6%	271.9	25.9%	-0.9%
Bafar	2,784.4	24.4%	9.8%	257.1	23.7%	27.6%
Tvaztca	5,080.6	18.4%	13.6%	1,806.5	23.1%	16.6%
Amx	199,548.0	20.3%	10.9%	84,251.5	22.8%	10.9%
Gmarti	2,050.0	13.5%	13.0%	328.3	21.8%	45.0%

Pinfra	1,676.2	13.1%	1.5%	1,172.6	21.5%	13.7%
Minsa	2,028.3	7.7%	-13.2%	275.0	20.8%	8.5%
Kimber	12,983.9	14.7%	5.8%	4,061.9	20.1%	7.7%
Conver	434.4	19.2%	10.6%	71.8	20.1%	3.9%
Tlevisa	26,594.8	26.4%	10.6%	9,763.8	16.9%	5.8%
Medica	911.0	20.2%	6.8%	250.4	16.7%	10.4%
Sab	15,327.8	10.3%	2.1%	623.2	16.3%	10.9%
Asur	2,087.1	24.3%	25.5%	1,230.8	10.4%	13.3%
Geo	8,971.0	10.6%	14.1%	1,647.6	10.0%	21.8%
Pochtec	1,583.7	17.5%	4.0%	25.5	9.4%	-51.6%
Gmodern	2,902.7	12.4%	1.2%	384.4	9.4%	-9.0%
Livepol	22,790.1	9.1%	9.2%	3,176.4	9.0%	39.4%
Ceramic	2,737.5	-0.9%	0.0%	267.3	9.0%	85.6%
Soriana	45,071.2	-0.3%	4.9%	3,428.2	8.7%	11.9%
Elektra	22,081.0	6.4%	2.5%	3,407.1	8.7%	12.3%
Gmexico	48,793.0	31.5%	80.0%	24,313.9	7.3%	113.5%
Mega	3,656.1	29.4%	7.7%	1,542.4	7.0%	2.6%
Fragua	10,302.3	26.9%	10.2%	410.1	6.4%	2.6%
Gigante	5,195.2	35.3%	20.1%	631.9	5.9%	7.5%
Gmodelo	40,783.7	11.5%	3.6%	12,638.6	5.4%	-2.0%
Comerci	26,286.7	5.4%	0.4%	2,023.9	2.3%	17.7%
Cie	4,584.8	-1.9%	4.7%	836.2	2.0%	13.9%
Gruma	23,001.6	10.8%	-8.8%	2,105.1	1.5%	-27.2%
Gap	1,867.1	1.9%	13.7%	1,246.4	1.2%	18.0%
Arca	12,046.6	25.0%	5.3%	2,350.1	0.2%	-3.4%

Oma	1,039.9	3.4%	12.3%	544.9	-2.0%	12.2%
Cmoctez	3,422.7	4.5%	-3.4%	1,315.2	-2.4%	-5.2%
Alsea	4,262.5	14.8%	2.5%	479.6	-2.4%	31.8%
Pasa	1,436.8	6.1%	16.5%	236.9	-3.2%	-1.9%
Telecom	105,157.9	7.1%	4.2%	37,243.2	-3.4%	-0.1%
Ara	3,471.7	-10.8%	8.5%	627.1	-5.9%	15.6%
Accelsa	1,427.0	59.0%	0.1%	69.1	-7.0%	-32.9%
Maseca	5,879.4	33.1%	18.8%	718.4	-8.1%	-10.4%
Femsa	80,641.6	4.9%	9.3%	12,406.0	-9.8%	8.2%
Contal	6,815.9	6.9%	4.4%	1,217.0	-10.0%	-8.4%
Cydsasa	3,287.6	2.7%	1.6%	365.1	-10.2%	-20.3%
Qumma	217.6	77.0%	-7.2%	3.6	-12.9%	-75.5%
Gfamsa	6,859.8	-2.7%	-2.8%	675.3	-14.4%	-2.6%
Urbi	5,768.0	-9.7%	9.1%	1,213.1	-15.0%	3.1%
Lamosa	4,158.5	1.6%	8.9%	756.3	-15.5%	33.2%
Vitro	11,399.0	-20.8%	-7.3%	1,372.6	-15.5%	0.9%
Cmr	896.4	7.3%	11.3%	76.0	-16.0%	38.4%
Axtel	5,228.9	-9.5%	-5.6%	1,599.1	-18.2%	-18.5%
Maxcom	1,290.9	-0.2%	0.7%	321.1	-18.9%	3.0%
Telmex	57,003.3	-8.1%	-4.7%	23,360.2	-20.9%	-13.8%
Gcc	3,804.3	-2.9%	-10.6%	874.8	-22.1%	-21.4%
Posadas	3,166.8	-7.5%	-9.3%	578.6	-24.3%	-7.7%
Homex	8,419.6	7.1%	14.2%	1,343.9	-26.2%	3.7%
Bevides	4,835.5	-3.0%	-4.1%	149.4	-26.4%	-30.8%
Hilasal	142.9	-20.2%	-6.8%	6.9	-36.1%	93.1%

Cemex	86,687.1	-29.7%	-14.4%	15,023.4	-38.4%	-24.6%
Geupec	4,320.9	9.4%	3.7%	369.6	-38.4%	-37.5%
Simec	12,759.9	-25.1%	38.1%	1,499.5	-45.7%	16.1%
Ich	14,024.4	-26.7%	26.4%	1,779.8	-47.4%	-3.0%
Ahmsa	16,529.6	-2.3%	35.4%	2,752.4	-48.3%	106.7%
Gmacma	96.0	-10.6%	8.4%	1.1	-48.5%	235.8%
Autlan	2,240.8	-10.5%	178.6%	614.6	-49.9%	301.1%
Rcentro	374.9	24.2%	12.3%	38.9	-52.4%	-52.6%
Collado	2,566.3	-30.1%	0.3%	161.1	-53.0%	42.0%
Sare	1,146.5	-55.7%	-8.1%	168.3	-63.5%	-14.6%

Fuente: SHCP / Banxico.

27 ¿Cuánto puedo ganar en Bolsa?

«Eso de que el dinero no da la felicidad son voces que hacen correr los ricos para que no los envidien demasiado los pobres».

Jacinto Benavente

La pregunta de este capítulo es sin duda la más recurrente que escuchamos por parte de los interesados en considerar la alternativa bursátil en México. Y es que más allá del pronóstico puntual del año en curso que tradicionalmente publicamos y actualizamos, y de la invitación permanente de concebir esta alternativa a plazos mayores (no menos de tres años), la pregunta prevalece de manera lógica.

1. La historia: naturaleza ganadora

Aunque hemos insistido en la condición volátil e incierta de la Bolsa (por ello se define renta variable), también hemos comentado varias veces sobre su *naturaleza ganadora*. El Índice de Precios y Cotizaciones cambia cada año (entran y salen emisoras). Existe una especie de competencia permanente entre las más de 130 emisoras en el mercado accionario mexicano por generar las mejores expectativas fundamentales y que sean traducidas en demanda accionaria. Las que logran dicho atractivo son las 35 emisoras que cada año forman y/o incrementan su peso en el IPyC y por ello su tendencia mayoritariamente de alza en el tiempo. Esto significa que el índice bursátil que usted conoce hoy, no es el mismo (no está conformado por las mismas emisoras) que el de hace un año, o que el de hace 3, 5, 15 o 20 años. El índice se autorregula en términos de selección.

La revisión de la muestra del IPyC se llevaba a cabo en el mes de febrero y su peso obedecía principalmente al tamaño de su valor de mercado (*market capitalization*), sin embargo, a partir de 2010, su peso toma en cuenta de manera importante las emisoras con una cantidad importante de acciones en circulación (*float*) y se comenzó a revisar en los meses de septiembre.

2. Rendimientos anuales promedio de más de 20%

A principios de mayo de 2010 publicamos una nota que recordaba los rendimientos promedios anuales obtenidos por el índice bursátil mexicano en distintos plazos desde 1985 (25 años). En los últimos cinco, diez, quince y veinte años por ejemplo, los rendimientos anuales promedio fueron de 23.5%, 19.6%, 23% y 29.2%, respectivamente. Aunque no es garantía, el registro promedio anual del rendimiento del Índice de Precios y Cotizaciones es testimonio de su atractivo y también desconocimiento generalizado. A pesar de haber transcurrido por momentos fundamentales muy difíciles (locales e internacionales) traducidos en años de pérdida, la alternativa bursátil ha sido y seguirá siendo la alternativa más atractiva para la construcción de un patrimonio para quien entiende su enfoque de mayor plazo.

El cuadro siguiente indica los rendimientos de cada año desde 1985 y calcula el rendimiento promedio en distintos cortes de tiempo. La última columna indica dicho promedio. Ejemplo: en los últimos quince, diez y cinco años, el rendimiento anual promedio fue de 23.02%, 19.59% y 23.47%, respectivamente.

3. No se necesitan años extraordinarios

El cuadro identifica también algunos años anteriores a 1992 en los que el IPyC registró ganancias anuales de más de 100%. Los promedios señalados en esta nota de quince, diez y cinco años recientes en promedio, precisamente se mencionaron para evitar que esos fuertes números *contaminaran* los promedios señalados.

Cuadro 27.1 Rendimientos nominales promedio a distintos plazos

Últimos «n» años	Año	Var% c/ año	Promedio «n» años
25	1985	181.26%	56.38%
24	1986	320.66%	51.18%
23	1987	124.35%	39.46%
22	1988	100.18%	35.61%
21	1989	98.05%	32.53%
20	**1990**	**50.09%**	**29.25%**
19	1991	127.65%	28.16%
18	1992	22.91%	22.63%
17	1993	47.92%	22.61%
16	1994	-8.72%	21.03%
15	**1995**	**16.96%**	**23.02%**
14	1996	20.97%	23.45%
13	1997	55.59%	23.64%
12	1998	-24.28%	20.98%
11	1999	80.06%	25.09%
10	**2000**	**-20.73%**	**19.59%**
9	2001	12.74%	24.07%
8	2002	-3.85%	25.49%
7	2003	43.55%	29.68%
6	2004	46.87%	27.37%
5	**2005**	**37.81%**	**23.47%**
4	2006	48.56%	19.88%
3	2007	11.68%	10.32%
2	2008	-24.23%	9.65%
1	2009	43.52%	43.52%

Fuente: BMV.

28

Preocúpese por la pregunta

«Aquel que pregunta es ignorante por cinco minutos, pero el que no pregunta permanece ignorante por siempre».
Proverbio chino

Lo hemos platicado hasta el cansancio: la participación de inversionistas locales (mexicanos) en Bolsa sigue siendo muy pobre. Además de la mala información que existe sobre la realidad de este mercado, las malas experiencias que de manera rápida y amplia difunden ciertos participantes alejan a muchos otros, impidiendo así los verdaderos y grandes beneficios que esta alternativa ofrece para la construcción de un patrimonio a mayor plazo.

En todos los seminarios y conferencias en las que participo, una parte importante de la audiencia no es experta o especialista. No tienen que serlo pues sus actividades profesionales no son las de un asesor financiero o analista, son médicos, abogados, ingenieros, arquitectos, estudiantes y/o amas de casa que coinciden con un mismo objetivo: tratar de conocer y entender mejor las alternativas de inversión.

A todos ellos pareciera que les apura conocer y entender lo más pronto posibles información, estrategias y modelos. Para un expositor apasionado de sus temas, resulta realmente grato contar con esta asistencia. Sin embargo, resulta muy difícil poder compartir en tan poco espacio (seminarios de ocho horas y conferencias en rangos de 60 a 120 minutos) todo lo que uno quisiera.

Ante esta disyuntiva, mi experiencia me ha llevado a entregar el mayor material posible durante esos eventos y a reflexionar con los asistentes la importancia de hacer las preguntas correctas y dejar para los expertos las respuestas. ¿Suena sensato?... Seguramente, aunque en la práctica muchas veces no lo es.

Para ser más claro con esta idea, imagine que usted quiere calcular los resultados esperados digamos para una muestra de treinta emisoras en Bolsa en las que potencialmente pueda estar interesado. Y no sólo eso, le interesa determinar su solidez financiera e identificar los niveles de valuaciones (múltiplos) en los que históricamente se ha cotizado.

Imagínese ahora haciendo sus propios cálculos de precios objetivos... Aunque las fórmulas y procesos no son tan complejos como algunos creen, sí requiere tiempo y dedicación. Elementos que usted no tiene si se dedica a otra actividad profesional.

No obstante, ello no significa que todos estos elementos no sean importantes, así que mi mejor recomendación es y será siempre: Pregunte... pregunte y pregunte. Pero pregunte lo importante y lo que es valioso. En este libro y en otros proyectos anteriores mucho de lo que ofrezco es saber identificar qué preguntas son las importantes.

A continuación, repito el contenido de una nota publicada en distintas ocasiones que busca resumir los elementos más importantes en el proceso de selección (a lo largo de este libro algunos conceptos se detallan y enfocan de manera distinta pero igualmente importante).

Espero que no le resulten nuevos y si son repetitivos no le caerán mal para reforzar su importancia.

1. ¿Cuál es el precio objetivo de la acción?

Recuerde, ésta es sin duda la pregunta básica. Desde hace muchos años, las áreas de análisis cuentan con especialistas sectoriales que a través de modelos de valuación emiten un pronóstico para el precio probable (o rango de precio) de una acción a un plazo determinado. Todos los fundamentales de una acción se resumen en dicho pronóstico. La próxima vez que le recomienden una acción, pregunte por su precio objetivo y cuestione si está dentro del grupo de acciones que se percibe con mayor potencial de rendimiento.

2. ¿Cuánto se recomienda tener en un portafolio?

No basta con que la emisora tenga un buen potencial de precio, por un principio básico de cuidado de riesgo deberá siempre diversificarse. Pregunte siempre si la acción forma parte de un portafolio modelo u estratégico institucional, cuánto representa en porcentaje de dicho portafolio y finalmente si forma parte y cuánto pesa en el índice de la Bolsa. Esta información lleva implícita varias ventajas: una acción que forma parte del IPyC es siempre más bursátil, además de que el indicador bursátil será siempre el parámetro a vencer de un participante en la Bolsa mexicana.

3. ¿Los principales fundamentales?

Aunque el precio objetivo incorpora los fundamentales del análisis, conviene preguntar algunos aspectos fundamentales de la emisora. Existen ocho criterios que recomiendo tener presentes, dos de los más importantes son: 1) ¿cuál es el crecimiento esperado en los resultados (Ebitda) de la empresa? y 2) ¿cómo compara su valuación (múltiplo) respecto a su promedio histórico y los múltiplos de otras empresas similares?

4. ¿La tendencia y comportamiento del precio?

Preguntar sobre la tendencia (movimiento) actual y/o nivel de precio no está mal, pues ayudan a obtener resultados eficientes. Sin embargo, deberá entenderse como una información complementaria en una estrategia de mayor plazo, lo más importante es la selección y la diversificación.

5. Beneficio mutuo

Recuerde bien, la elección de una acción no puede ser: «porque el precio está bajando», «porque me enteré de un rumor» o simplemente «porque se ve bien». En la medida en que usted nos exija como gremio bursátil una mejor asesoría, el beneficio será mutuo.

5.1. Recuerde además que...

1. No son sólo factores fundamentales relacionados con cifras económicas y financieras las que influyen permanentemente en los mercados (precios de las acciones). Existen también otro tipo de variables de tipo estructura, psicológico y técnico. Por ello, el atender (preguntar) sobre tendencias actuales (movimientos de precios) complementa muy bien las preguntas básicas de precios objetivos y distribución.

2. En general existen dos tipos de riesgos que influyen en el comportamiento de una acción en el mercado: 1) los sistemáticos y 2) los específicos. Los sistemáticos se refieren a aquellos factores de orden local y/o internacional que generan preocupación en todos los sectores o empresas, por ejemplo: crisis mundial, deuda en Europa, etcétera. Los específicos se relacionan con riesgos que suceden en una empresa en particular, por ejemplo: huelga de fábrica, aumento de deuda, despido de funcionario clave, etcétera. Esto significa que una acción puede bajar independientemente de sus fundamentos o precio objetivo.

3. Para un portafolio sugerido: le recomendamos preguntar siempre sobre su rendimiento esperado (¡no garantizado!) y su riesgo implícito. El rendimiento proviene de la ponderación de los rendimientos que los precios objetivos de las acciones del portafolio incorporan, mientras que el riesgo implícito se entenderá de la

representatividad (similitud) que su portafolio tenga respecto al IPyC (su parámetro a vencer).

5.2. Ocho criterios de selección

Concluimos esta nota recordando los ocho criterios básicos que recomendamos conocer (preguntar) al momento de seleccionar una empresa. Después de preguntar el precio objetivo de una emisora, identificar si el avance implícito con dicho precio resulta dentro del grupo de las acciones con mayor potencial, y saber la proporción que se recomienda en un portafolio estratégico con un buen registro histórico de resultados, no está de más peguntar cuál es la condición de estos criterios. En la medida en que una emisora (acción) cumpla de manera satisfactoria la mayor parte de estos criterios, su riesgo de selección será infinitamente menor.

Cuadro 28.1. Ocho criterios para seleccionar emisoras (¿cuáles?)

Criterio	Concepto
Crecimiento sectorial	Identifique siempre empresas en sectores con *viento a favor* a partir de ciclos económicos internacionales y/o locales. Ejemplo: televisoras en años con eventos deportivos internacionales (Juegos Olímpicos, Copa Mundial de Futbol, etcétera) y/o de gasto por campañas políticas.
Crecimiento individual	El inversionista busca siempre historias de crecimiento y rentables y no sólo empresas *baratas*. El crecimiento atiende conceptos como: ventas, utilidad operativa y Ebitda. Es importante atender perspectivas y no datos históricos. Recuerde: *una buena historia en el pasado no garantiza una a futuro y viceversa.*
Rentabilidad	El crecimiento aislado aunque importante no es suficiente. Es importante cerciorarse que la rentabilidad de un negocio no se sacrifica por periodos largos con dicho crecimiento. El atender medidas de rentabilidad operativa es siempre muy útil.
Mercado	Se relaciona con los dos anteriores. Sin embargo, existe una especial atención por distinguir entre empresas, cuya demanda de productos depende de sus exportaciones o del mercado local.

Estructura financiera	Las empresas *sanas*, con poca deuda, sin vencimientos de deuda importantes, con *fuerte* balance, etcétera, son sinónimo de menor riesgo. Se recomienda el uso de razones financieras tradicionales como: deuda/capital, activo circulante/pasivo circulante, utilidad operativa + depreciación/intereses netos.
Valuación atractiva	Existen diversas metodologías. La más común es el empleo de múltiplos, que relacionan precios vs. indicadores financieros (¡por favor no confunda precios con valuaciones!... una acción que sube de precio no necesariamente es más cara). Los múltiplos se califican bajo criterios comparativos históricos y/o sectoriales. Los múltiplos más bajos producidos por un avance en resultados son por lo general sinónimo de oportunidades. El múltiplo (valuación) de mayor empleo en mercados emergentes como México es el *Firm Value*/Ebitda.
Bursatilidad	Sinónimo de fácil realización de las acciones en el mercado. Las acciones poco bursátiles son de mayor dificultad para un *movimiento* rápido en decisiones de compra y/o venta.
Otros	Resulta importante saber si existe algún factor cualitativo importante relacionado. Ejemplo: política de dividendos, dirección de la empresa, aspectos legales, convenios específicos, etcétera.

29 Octavo mandamiento: rentabilidad

«La disciplina es la parte más importante del éxito».
Truman Capote

La mejora continua es una práctica muy afortunada, establecida desde hace tiempo en organizaciones que buscan no quedarse atrás... ¡Ser líderes! Es también una característica que las empresas responsables de acreditar certificaciones internacionales en distintos procesos evalúan y exigen de manera importante.

Personalmente, creo que debiera ser también una práctica personal en distintas disciplinas familiares, deportivas y demás que platicaremos en otro momento.

En mi actividad profesional tengo la fortuna de convivir con un equipo retador que pregona con el ejemplo. En el capítulo anterior, señalábamos ocho criterios para la selección de emisoras y recomendábamos incluirlos como parte de una guía de preguntas en el proceso de selección de una emisora (acción).

Personalmente no siempre usé estos ocho criterios. Cada uno de ellos, lo he incorporado en las áreas de investigación y análisis en las que he participado desde hace muchos años; como resultado de un sinnúmero de experiencias buscando siempre un balance útil pero no excesivo (atienda por favor el capítulo «Sentido común»).

El criterio de rentabilidad fue el más reciente en su incorporación y lo decidimos hacer a través de indicadores tradicionales como los márgenes operativos (Ebitda/Ventas) y/o el ROA (*Return on Assets*) o ROE (*Return on Equity*) a través del tradicional enfoque de análisis conocido como la «T», es decir por medio de comparativos históricos de las propias emisoras y sectoriales que permitan identificar aquellas compañías que no solamente crecen de manera importante, sino que logran mantener buenos niveles de rentabilidad en el negocio.

El motivo de una especial atención al criterio de rentabilidad fue recordar que un crecimiento en los resultados de una emisora puede provenir de forma orgánica (mayor demanda en los productos de la empresa), y/o a través de fusiones o adquisiciones, las cuales en ocasiones afectan los niveles de rentabilidad de los negocios al incorporar empresas menos rentables.

Independientemente de la mejora esperada en los nuevos negocios que por lo general involucran las operaciones de adquisición o fusión, es siempre importante tenerlo presente. De esta manera las mejores decisiones no serán solamente para las empresas que más crecen sus negocios, sino para las que además los mantienen rentables para los accionistas.

1. La «T» de análisis

Como complemento a los ocho criterios indispensables para disminuir riesgos asociados con los procesos de selección de emisoras, comparto con más detalle el enfoque que procuramos tener siempre como analistas al momento de considerar cualquier variable, entendiendo al concepto de análisis como una forma de actuar y de comprender diversas variables, no sólo las de tipo financiero y/o bursátil.

Análisis: distinción y separación de las partes de un todo hasta llegar a conocer sus principios o elementos.

Cuadro 29.1. Análisis, un todo

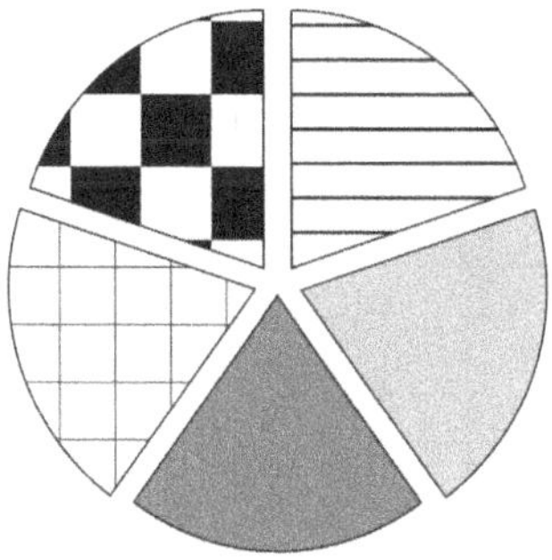

El siguiente cuadro ejemplifica las tres líneas básicas para la elaboración de un análisis más completo, entendiendo que cualquier variable está sujeta a un análisis.

Cuadro 29.2. Líneas básicas del análisis

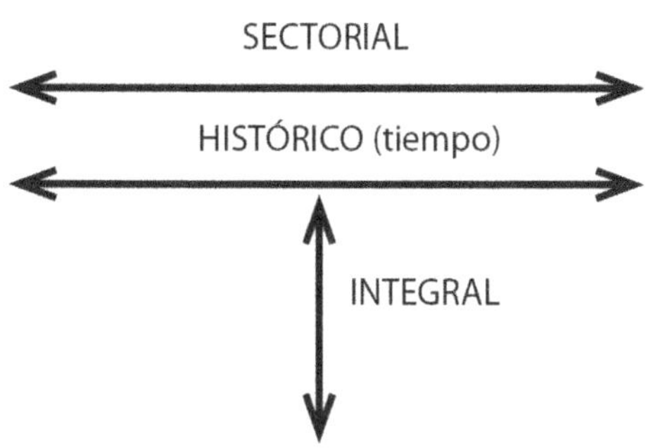

El esquema consiste en considerar todas las líneas en distintos parámetros aplicados a estrategias de inversión, particularmente la selección de valores que comentaremos en una parte de este texto.

- **Primera línea horizontal:** análisis sectorial. Nos ayuda a calificar la variable analizada, respecto a la misma variable que presentan otros competidores en el mercado (región, país, sector, etcétera).

- **Segunda línea horizontal:** análisis histórico/tiempo. Identificamos la evolución de la variable en el tiempo (pasado y futuro), calificando su estimación en función a la tendencia histórica (un promedio o mediana es útil).

- **Línea vertical:** análisis integral. Ayuda a entender el contenido de la variable, identificando las partes, los riesgos y oportunidades de dicha integración.

Ejemplo:

Estos conceptos en un enfoque de análisis financiero se ejemplifican de la siguiente manera: utilizaremos como variable el margen operativo (utilidad operativa / ventas totales) y nos referiremos a la empresa D.

Análisis sectorial. La empresa D presenta un margen operativo (15%) similar al promedio del sector (14.8%)... Parecería entonces muy competitiva...

Cuadro 29.3. Ejemplo teórico de un análisis sectorial

Empresa	Ventas	Utilidad operativa	Margen operativo
A	120	23	19.2%
B	230	40	17.4%
C	145	18	12.4%
D	**400**	**60**	**15.0%**
E	720	74	10.3%
PROMEDIO			**14.8%**

Análisis histórico. Sin embargo, el margen operativo de la empresa D es el de mayor crecimiento en los últimos años en el sector, mientras que el de la empresa A que parecería el más alto, viene cayendo...

Cuadro 29.4. Ejemplo teórico de un análisis histórico

EMPRESA	2007	2008	2009
A	20.0%	22.0%	19.2%
B	16.5%	16.0%	17.4%
C	11.0%	11.5%	12.4%
D	**9.0%**	**12.0%**	**15.0%**
E	12.0%	10.3%	10.3%
PROMEDIO	**14.2%**	**14.6%**	**14.8%**

Análisis integral. Por otra parte, la empresa D es también la que tiene mayor capacidad de mejora en dicho margen al mantener una mayor proporción de sus costos como costos variables…

Cuadro 29.5. Ejemplo teórico de un análisis integral (% costos totales)

EMPRESA	CTO. TOTAL	CTO. FIJO	CTO. VAR.
A	100.0%	80.0%	20.0%
B	100.0%	90.0%	10.0%
C	100.0%	65.0%	35.0%
D	**100.0%**	**50.0%**	**50.0%**
E	100.0%	74.0%	26.0%
PROMEDIO	**100.0%**	**71.8%**	**28.2%**

Cuando no tenemos un análisis más completo (diagrama «T» de análisis), las apariencias pueden engañar.

30

Mejor que los profesionales

«El verdadero medio de ganar mucho consiste
en no querer nunca ganar demasiado».
Fénelon

En general, existen dos estilos para medir el éxito de una inversión:

- el que usa uno o varios (combinados) parámetros de referencia *(benchmark)* para comparar resultados en periodos específicos, o

- el que atiende únicamente un valor absoluto.

Un participante que invierte en Bolsa, ya sea a través de una sociedad de inversión común (renta variable) o decidiendo su propio portafolio en directo, consciente o inconscientemente está compitiendo *siempre* con el Índice de Precios y Cotizaciones (IPyC), ese es su parámetro a vencer y en un escenario de alza (cualquiera que sea el periodo), buscará tener un rendimiento superior, mientras que en un comportamiento de baja, entenderá su *éxito* registrando menores caídas que el IPyC.

En un estilo de valor absoluto, el inversionista tiene como propósito un rendimiento establecido como mínimo. Estará dispuesto a no ganar tanto como el IPyC en un momento dado, pero por otra parte su meta será nunca quedar por debajo de su objetivo o valor absoluto de inversión, ejemplo: una tasa anual de 3% mayor a la inflación.

1. Profesionales rezagados

Entre la información poco conocida por los inversionistas actuales o potenciales en Bolsa, destaca aquella que demuestra que el promedio de los profesionales dedicados al manejo de portafolios bursátiles en México ha observado un importante rezago respecto al resultado del IPyC.

Para esta afirmación basta referirse al Índice de Sociedades de Inversión Común (ISIC) que publica diariamente la Bolsa Mexicana de Valores. Desde 1997 por ejemplo, el IPyC acumuló al 2 de octubre de 2009 un avance nominal de 460.3%, mientras que el ISIC registró en el mismo periodo un avance de apenas 190.2%, es decir, menos de la mitad.

Una cifra actualizada desde abril de 2001 hasta octubre de 2010 (casi diez años) compara rendimientos actualizados de 491.11% vs. 242% de nuevo a favor del índice bursátil respecto al promedio de los fondos de renta variable en México.

Esto significa que si un inversionista en fondos hubiera preferido invertir en un fondo indizado (sociedad de inversión que replica la misma estructura del IPyC) o hubiese comprado un Naftrac (acción que replica también la estructura del índice bursátil), su resultado hubiera sido mejor que en el promedio de fondos administrados por profesionales, además de haber disminuido también algunos riesgos asociados con la selección y distribución de valores.

2. El riesgo es lo primero, lo segundo y lo tercero...

El rezago en dicho promedio evidencia la manera en que muchos inversionistas profesionales asumen riesgos y se equivocan como consecuencia de priorizar la búsqueda de rendimientos como principal objetivo, y no documentar o procesar experiencias pasadas. La falta de metodologías claras, integrales (incluyen etapas de selección, distribución y momento oportuno) y/o una disciplina parcial son elementos que explican el importante rezago. Si bien, algunas sociedades llegan a tener rendimientos altos en algunos años, no son consistentes en el tiempo.

3. ¿Y usted... cómo la está haciendo?

Invito de nueva cuenta a replantear la manera en que usted está participando o puede participar en esta muy atractiva alternativa de inversión. ¿Sabe realmente cómo comparar el resultado histórico de sus estrategias vs. el IPyC? ¿Conoce y controla su riesgo en las distintas etapas potenciales? ¿Está usted construyendo un patrimonio a través de este mercado o sólo especula para tener resultados a corto plazo? ¿Se siente cómodo y conoce bien su metodología de inversión? ¿Puede contestar cuánto es el riesgo de su portafolio y cuánto su rendimiento esperado (no garantizado) para 2011? Recuerde si su fondo NO es indizado o tiene un portafolio directo con una estructura diferente a la del IPyC, cualquier pronóstico para el IPyC no es válido para el suyo.

4. Índice de Sociedades de Inversión Común (ISIC)

El Índice de Sociedades de Inversión Común (ISIC) es un índice que la Bolsa Mexicana de Valores publica diariamente y que considera los resultados de un grupo de 27 sociedades de inversión común (fondos de renta variable) que actualmente operan en México.

El cuadro siguiente compara el rendimiento acumulado a mayor plazo (1997-2009). El rendimiento de las sociedades de inversión común ha sido en promedio menos de la mitad que su parámetro a vencer (*benchmark*).

Ya en otros proyectos (libros) hemos compartido la manera en que una estrategia integral ofrece un buen balance riesgo-rendimiento. En la sección «Estrategias» de este documento usted encontrará mayor información práctica.

Cuadro 30.1. Comparativo IPyC vs. ISIC (2007-2009)

Fuente: BMV.

31

¿Qué es el VIX?

«La confianza es la madre del descuido».
Baltasar Gracián

En épocas de volatilidad y miedo en los mercados ciertos indicadores o índices se hacen protagonistas, éste ha sido el caso del VIX en los últimos años (2008-2010), en los que el comportamiento de los mercados accionarios en general ha sido especialmente errático (sin dirección).

Los índices de volatilidad son indicadores de la percepción de la marcha del mercado en general, uno de los más seguidos es el VIX del S&P500, aunque también hay otros como el VXN del Nasdaq, el VXR del Russell 2000, el VDAX para el índice alemán, VX1 Francia o el Vstoxx para el Eurostoxx 50. El Índice de la Volatilidad de CBOE-VIX es un indicador que mide la volatilidad y fue desarrollado en 1993 por el mercado de opciones de Chicago (CBOE), que lo calcula y difunde en tiempo real.

1. Historia breve

En una primera fase se hizo para el índice SP100, con la intención de mostrar la volatilidad implícita de las opciones sobre el índice para un periodo de treinta días, para ello se calcula tomando el promedio ponderado de la volatilidad implícita de ocho opciones *call* y *put* OEX (opciones S&P100). Posteriormente, se adaptó para el índice

SP500, así el antiguo VIX sobre el SP100 pasó a llamarse VXO y el VIX actual es el que se calcula utilizando una serie de opciones del SP500. Su representación gráfica es la habitual de las series de precios y se analiza con las herramientas del análisis técnico.

2. Medida de miedo y/o confianza

Estrategas coinciden en definir al VIX como «la medida del miedo o la confianza del inversor», pues refleja el consenso de los inversores sobre sus expectativas (cobertura ante caídas con opciones *put*).

Si los inversores creen que el mercado va a caer, cubrirán sus carteras comprando más *puts* y por el contrario, si los operadores son alcistas no comprarán, puesto que no ven necesidad de protegerse. En definitiva descuenta expectativas en un futuro cercano y en general funciona en sentido inverso al índice. Una cifra elevada (vs. su rango histórico) significa que el mercado está anticipando fuertes movimientos (volatilidad alta en ese horizonte estándar de treinta días).

Máximos, en el VIX, indican que en el mercado hay miedo y pesimismo, lo que suele coincidir con mínimos en el índice de referencia, mientras que cuando está en mínimos, hay alegría y confianza, y suele coincidir con futuros periodos de subidas. En este sentido, el VIX es un indicador de posibles techos o pisos del mercado a largo plazo, se suele convenir que cuando el índice está por debajo de veinte, señala la posibilidad de un techo, mientras que valores superiores a cuarenta nos estarían avisando de un suelo.

Cuadro 31.1. Indicador VIX (2005-2010)

VIX	Máximo	Mínimo	Promedio 5 años
12.7 16-VI-10	80.86 U5A*	9.89 U5A	22.27

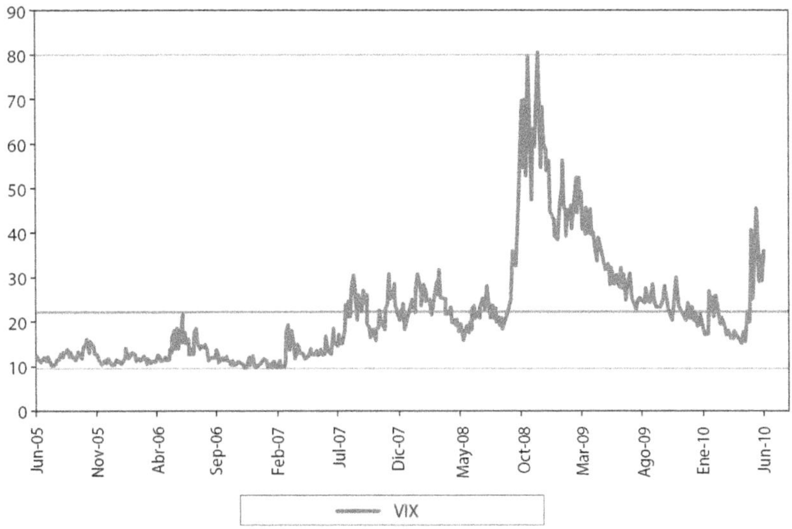

Nota: * U5A: últimos cinco años.
Fuente: Bloomberg.

32

QE2… Se puso de moda

«La moda muere joven».
Jean Cocteau

Platiquemos ahora sobre un término que regresó a la moda hacia la segunda mitad del año 2010, cuando los participantes del mercado reclamaban y anticipaban una nueva *ola* de estímulos para la economía internacional principalmente en EE.UU.

El término *Quantitative Easing* (QE por sus siglas en inglés) –cuya traducción podría ser expansión monetaria o flexibilización cuantitativa– describe una política monetaria de los bancos centrales para aumentar la oferta de dinero.

Generalmente, se acude a esta política cuando los métodos comunes (por ejemplo, bajar las tasas de interés bancarias, de descuento y/o interbancarias hacia 0%) no han dado los resultados esperados (estimular la economía, a través de bajos costos de crédito). Así, un banco central puede implementar la QE acreditando su propia cuenta con dinero que crea *ex nihilo* (de la nada). Después, compra activos financieros, incluyendo bonos gubernamentales, bonos de agencia, valores respaldados por hipotecas y bonos corporativos, de bancos y otras instituciones financieras en operaciones a mercado abierto. Las compras, mediante depósitos, dan a los bancos comerciales el excedente de reservas necesario para crear dinero, lo cual debería ser un estímulo de la economía. Los riesgos pueden ser que la política resulte más efectiva de lo que se pretendía, estimulando una inflación alta a mediano o largo plazo, o bien crear burbujas en los activos financieros.

Lo anterior, debido a que los precios no reflejan los fundamentos económicos, pues han sido artificialmente incrementados. En caso de que la QE no sea efectiva, los bancos pueden optar por sentarse en el efectivo adicional para incrementar sus reservas de capital dentro de un clima de creciente morosidad en su actual cartera de créditos, sin detonar el crédito. En teoría, pudiera haber más riesgos referentes al QE, que examinamos en esta nota.

«Cuantitativa» se refiere a que se está creando una cantidad específica de dinero; «flexibilización» se refiere a la menor presión sobre los bancos. Sin embargo, otra explicación es que el nombre proviene de la expresión japonesa para «política monetaria estimulatoria», la cual usa el término «flexibilización». La flexibilización cuantitativa en ocasiones se describe coloquialmente como *imprimir dinero*, aunque en realidad el dinero simplemente se crea electrónicamente. Entre las economías que han utilizado esta política están Japón, a principios de 2000, Estados Unidos, Reino Unido y la Eurozona durante la actual crisis (por eso, en caso que la Reserva Federal implemente otro QE, éste sería el número dos).

Comúnmente, los bancos centrales utilizan su control sobre las tasas de interés, o a veces los requerimientos de reserva, para influenciar indirectamente la oferta de dinero. En algunas situaciones, como cuando existe una inflación muy baja o deflación, fijar una tasa de interés baja no es suficiente para mantener el nivel de oferta de dinero que desea el banco central, por lo que se emplea la flexibilización cuantitativa (QE) para impulsar aún más la cantidad de dinero en el sistema financiero.

Con frecuencia se considera al QE como un último recurso para aumentar la oferta de dinero. El primer paso es que el banco crea más dinero *ex nihilo* (de la nada) acreditando su propia cuenta. Puede entonces utilizar los fondos para comprar inversiones como bonos gubernamentales de firmas financieras como bancos, compañías de seguros y fondos de pensiones, en un proceso conocido como monetizar la deuda.

Por ejemplo, al introducir su programa de flexibilización cuantitativa, el Banco de Inglaterra compró garantías de instituciones financieras, junto con una cantidad más pequeña de deuda de relativa alta calidad emitida por compañías privadas. Los bancos, las compañías de seguros y los fondos de pensiones pueden entonces utilizar el dinero para prestar o incluso recomprar más bonos del banco. El banco central también puede prestar el nuevo dinero a bancos privados o comprar activos de bancos a cambio de moneda. Esto tiene el efecto de deprimir los rendimientos de los intereses en los bonos gubernamentales e inversiones similares, haciendo más barato para los negocios la obtención de capital.

Específicamente, los créditos ejercidos por la banca comercial están sujetos al sistema bancario de reserva fraccionaria: es decir, están sujetos a un requerimiento de reserva regulatorio, que les requiere mantener un porcentaje de depósitos en reserva, que sólo se puede utilizar para liquidar transacciones entre ellos y el banco central. El resto, llamado excedente de reservas, puede (pero no tiene que) ser utilizado como base para los créditos.

Cuando, bajo la QE, un banco central compra a una institución, la cuenta bancaria de la institución se acredita directamente y sus bancos ganan reservas. El incremento en depósitos proveniente del proceso de flexibilización cuantitativa genera un excedente en reservas y los bancos privados pueden entonces, si lo desean, crear más dinero nuevo de la nada aumentando la deuda (los créditos) a través de un proceso conocido como multiplicación de depósitos ampliando así la oferta de dinero del país. El requerimiento de reserva limita la cantidad de dinero nuevo. Por ejemplo, un requerimiento de reserva de 10% significa que por cada 10,000 pesos creados por la QE, el dinero nuevo creado total es potencialmente de 100,000 pesos.

Un Estado debe tener control sobre su propia moneda y política monetaria si va a utilizar unilateralmente la QE. Los países de la

Eurozona (por ejemplo) no pueden utilizar de forma unilateral esta herramienta, sino que se deben apoyar en el Banco Central Europeo (BCE) para implementarla. Lo anterior, porque cabe recordar que cada país de la Eurozona cedió su política monetaria al BCE, y éste es el responsable de manejar tasas de interés, así como un eventual QE.

En la nota «Tutorial» que escribimos Luis Arturo Flores, analista económico, y un servidor como respuesta a lo *caliente* del tema, señalábamos que en el caso de la Eurozona en aquel momento (septiembre 2010), un QE resultaba más difícil de implementar, dadas las contradicciones al interior de la zona, con países como Alemania y Francia saliendo de la recesión, y a la vez, Grecia y España aún refinanciando sus deudas.

1. Un poco de historia

La flexibilización cuantitativa fue utilizada sin éxito por el Banco de Japón (BJ) para combatir la deflación doméstica a principios de los años 2000. De hecho, el caso nipón empezó a manifestarse con una fuerte deflación y en donde el BJ bajó las tasas de interés a 0%. El problema es que con una tasa tan baja, los bancos decidieron que era mejor no prestar dinero, y por tanto se recurrió a un QE, pero ya demasiado tarde. El caso de Japón justifica el porqué frente a señales de deflación, un banco central debería anticiparse e implementar un QE antes de que sea demasiado tarde.

Lo anterior ilustra por qué bajo la crisis actual, una posible deflación en Estados Unidos causa tanto ruido. En efecto, los mercados temen que una deflación en Estados Unidos derive en una depresión económica como la que vivió Japón en décadas pasadas. Los críticos de la QE señalan que aun cuando la implementación sea oportuna, se creará una trampa de liquidez, es decir en donde una excesiva liquidez no necesariamente derive en mayor crédito por la falta de confianza sistémica.

Durante la crisis financiera global de 2008 hasta septiembre de 2010, las políticas anunciadas por la Reserva Federal de EE.UU.

(FED), para contrarrestar los efectos de la crisis son una forma de flexibilización cuantitativa. Su balance se expandió drásticamente al agregar nuevos activos y pasivos sin *esterilizarlos* mediante las substracciones correspondientes.

En el mismo periodo, Reino Unido utilizó dicha medida como un arma adicional a su política monetaria con el objeto de aminorar su crisis financiera. El Banco Central Europeo (BCE) implementó operaciones de refinanciamiento a largo plazo de doce meses (una forma de flexibilización cuantitativa –QE– sin referirse a ella como tal) a través del proceso de expandir los activos que los bancos pueden utilizar como colateral y que pueden ser presentados al BCE a cambio de euros. Este proceso permitió que los bonos fueran reestructurados para el BCE. En comparación, otros bancos centrales fueron muy restrictivos en términos del colateral que aceptaban: la Reserva Federal de EE.UU. acostumbraba aceptar principalmente bonos del Tesoro (en la primera mitad de 2009 compró casi cualquier valor denominado en dólares relativamente seguro); el Banco de Inglaterra aplicó un gran recorte de valor. En el caso de Japón, el BJ había estado manteniendo las tasas de interés a corto plazo cerca de sus valores mínimos alcanzables de cero desde 1999. La flexibilización cuantitativa llenó a los bancos comerciales con exceso de liquidez para promover el crédito privado, dejándolos con grandes inventarios de excedente de reservas, y por consiguiente poco riesgo de un déficit de liquidez. El BJ logró todo esto comprando más bonos del gobierno que los que se requerían para fijar la tasa de interés en cero. También compró valores respaldados por activos y acciones, y extendió los términos de la operación de compra de papel comercial.

2. Riesgos

La QE es vista como una estrategia riesgosa que puede propiciar una inflación más alta de lo deseado o incluso una hiperinflación si no se usa de forma apropiada y se crea demasiado dinero. Esta política monetaria corre el riesgo de ir demasiado lejos. El incremento en la oferta de dinero de un sistema tiene un efecto inflacionario, ya que se diluye el valor de una unidad de moneda. La gente que tiene dinero ahorrado encontrará que se devaluó debido a la inflación, lo cual combinado con las bajas tasas de interés asociadas pondrá a la gente que se apoyaba en sus ahorros en dificultades.

La devaluación de la moneda vista externamente puede afectar la calificación crediticia internacional del país, lo que a su vez puede reducir la posibilidad de inversión extranjera. Los más críticos señalan que la implementación de QE no ataca las causas reales de una recesión: equilibrar la oferta y demanda de los activos causantes de la crisis (por ejemplo, casas en el caso reciente de Estados Unidos) sino que sólo repara artificialmente, mediante inyecciones de dinero que sólo acabarán, en el mediano o largo plazo, por causar otras burbujas en los activos. De hecho, cabe recordar que una de las causas de la crisis global de 2008 se basa en el exceso de liquidez entre 2002 y 2003. En contraste, bajo la situación actual, a diferencia de 2002 y 2003, los estadounidenses atraviesan por un proceso de *desapalancamiento*.

3. Escenarios y consecuencias del QE2

La propia FED, en su comunicado de política monetaria de septiembre de 2009, reforzó la idea de un QE2 para Estados Unidos. No sólo se declaró «lista para actuar» sino que confirmó que conservaría el tamaño de su balance (a inicios de 2010, se esperaban las *exit policies* mediante la reducción de su balance). Con esto, los mercados financieros internacionales entraron en una racha de ganancias, con la sola expectativa de un QE2, que no se ha concretado. Incluso, algunos datos malos de la economía de Estados Unidos, como la nómina no agrícola que registró una caída de 95,000 puestos de trabajo (cuando se esperaba una caída mínima de 5,000) han dado pauta a animar más a los mercados, pues esto implicaría un mayor o más pronto QE2 por parte de la FED.

La realidad es más compleja. Si la FED no implementa un QE2 podría interpretarse como que no ha sido necesario. No obstante, el alto desempleo y el bajo crédito en la Unión Americana no refuerzan esta hipótesis.

Por el contrario, un fuerte QE2 podría indicar que la situación es peor de lo que se esperaba. De ahí que la FED deba ser muy cuidadosa con los mensajes que quiere dar. Lo cierto es que, asumiendo la presencia de liquidez por varios meses más, el dólar seguirá débil a nivel internacional.

No debe perderse de vista que las políticas de QE son sólo una de las medidas que puede implementar un gobierno. En Estados Unidos, la plena recuperación económica deberá pasar por mayor productividad, innovación y competitividad que deriven en crédito y empleo. Así, el QE2 debe ayudar a esos objetivos, tratando de evitar la formación de nuevas burbujas.

33 Hechizo cuádruple en Bolsa

«El más poderoso hechizo para ser amado es amar».
Baltasar Gracián

He aquí otro concepto importante a saber, que me atrevo a compartir no sin antes dar crédito al autor original de la nota «Tutorial» que en su momento publicó Carlos González Tabares.

Modestia aparte, si de algo me congratulo yo mismo es de haberme podido rodear todos estos años de profesionales muy talentosos y comprometidos.

1. El cuádruple día *bruja* *(Quadruple Witching Day)*

Al tercer viernes del último mes de cada trimestre, (marzo, junio, septiembre y diciembre) se le conoce como *Quadruple Witching Day* (cuádruple día *bruja*). Se le conoce así por el temor que genera la volatilidad en los mercados principalmente en la última hora de operación, conocida también como *Quadruple Witching Hour* (cuádruple hora *bruja*), por la expiración de los cuatro principales tipos de contratos de derivados en EE.UU.: opciones de acciones, opciones sobre índices accionarios, futuros sobre acciones y futuros sobre índices accionarios.

El término comenzó a usarse desde los años ochenta como *Triple Witching Hour* cuando los contratos de opciones sobre acciones, opciones sobre índices y futuros sobre acciones se vencían en la primera hora de jornada del viernes. Posteriormente la expiración de los contratos se movió al final de la sesión y se extendió la negociación a todo el día (*Triple Witching Day*). Cuando se incorporaron los vencimientos de los futuros sobre acciones, es decir cuatro tipos de contratos, se le llamó *Quadruple Witching Day*. Hoy en día también existen vencimientos mensuales, por lo tanto, el tercer viernes de cada mes también tiene su hora *bruja*, aunque de menor intensidad que la trimestral.

1.1. Hora *bruja*... encuentro entre mercado de contado y de derivados

En estos días, justo una hora antes del cierre es cuando se observa mayor volumen de operación y volatilidad en los mercados, ante el cierre de contratos de derivados para cubrir posiciones o bien por la recompra o sustitución de los mismos antes de su expiración.

El objetivo en parte es replicar lo más parecido posible el precio de liquidación de los contratos y lograr un arbitraje perfecto, donde el precio del futuro (u opción) sea igual al precio de contado en el día de vencimiento. Esta operación trae como consecuencia mayor volumen negociado en el mercado de contado en los valores subyacentes y mayor volatilidad en los precios específicamente en esa hora de negociación. Lo anterior puede generar riesgos pero al mismo tiempo oportunidades para los inversionistas.

El mercado mexicano en muchas ocasiones se ha visto muy correlacionado con las Bolsas de EE.UU., generalmente un día volátil en aquel país, genera volatilidad en el nuestro.

2. Más sobre la hora *bruja*

Los futuros y las opciones se liquidan al vencimiento por entrega física o por diferencia en precios. Las obligaciones de los contratos de futuros y opciones se materializan en obligaciones de compra o venta de contado, por lo que una vez llegada la expiración, los inversionistas que buscaron coberturas con dichos contratos deberán realizar las operaciones contrarias para cumplir con sus compromisos.

Si los participantes de derivados son más del tipo *traders* (con horizontes de inversión de corto plazo), y no cuentan con los títulos justo antes del cierre, deberán acudir al mercado de contado a adquirirlos para cerrar su posición. O bien, si mantienen posiciones largas y desean cerrarlas deberán vender sus títulos. Este hecho es el que contribuye a incrementar el volumen negociado y la volatilidad en los precios, pues el precio de cierre del día, en el mercado de contado, será el precio de las operaciones de entrega, para los futuros, y el precio de ejercicio para las opciones.

Conocer cuáles son las posiciones abiertas ayudaría a saber cuál podría ser la tendencia del mercado en la última hora de operación, pero aun así no garantiza nada, pues con la información disponible se desconoce si los participantes rolarán sus contratos para el siguiente mes o trimestre, si ejecutan antes de tiempo, o si están cubiertos con otras posiciones.

El fuerte volumen y la volatilidad de estos días pueden ser también aprovechadas a favor de los inversionistas, no sólo los días *bruja*, sino también en días previos como en días posteriores (efecto postexpiración), con la búsqueda de precios atractivos y la posibilidad de negociar mayores paquetes.

El siguiente cuadro muestra el índice *Put-Call Ratio* de la Bolsa de Chicago (CBOE), el cual muestra la relación que hay entre las posiciones *cortas* de los inversionistas y las posiciones *largas*. Es decir, muestra la relación que hay entre los inversionistas que esperan una baja en los mercados (posiciones cortas) y entre aquellos que esperan un alza en los mercados (posiciones largas), el punto neutral estaría en 0.5 (resultante del cociente entre los contratos cortos y los largos).

Este índice en el rango alto (más contratos *puts* que *calls*), indica que hay una mayor cantidad de inversionistas que estiman que el mercado va a caer. Sin embargo, es posible que en la fecha de vencimiento de dichos contratos, decidan cerrar sus posiciones realizando compras. Por el contrario, este índice en la parte baja del rango (más contratos *calls* que *puts*), señala que hay una mayor cantidad de inversionistas pensando que el mercado va a subir, y en consecuencia, para cerrar sus posiciones pueden decidir vender.

Cuadro 33.1. Índice Put/Call Ratio

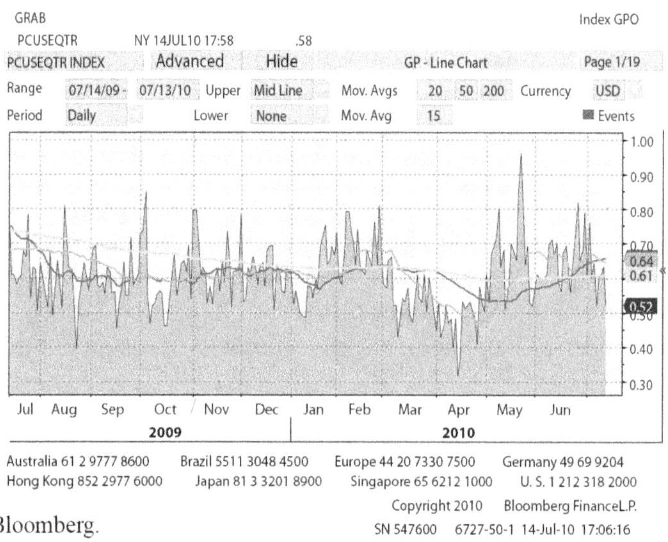

Fuente: Bloomberg.

Las posiciones que toman los contratos de futuros y opciones, también pueden dar una señal implícita de las expectativas de los inversionistas respecto a la tendencia que tomarán los mercados en los siguientes días.

3. Estadística de los días *bruja* en la BMV

Realizamos el análisis estadístico de lo sucedido en el mercado en los días *bruja* de los últimos tres años y observamos que la variación que presentó no fue tan significativa, el volumen se incrementó 32% respecto al promedio del año y el importe en 18%.

Cuadro 33.2. Estadística de los días *bruja* en la BMV

Mes	Año/ Día	Índice	Var%	Volumen (mill)	Importe (mdp)	Volumen prom.	Importe prom.	Var % vs. prom. en volumen	Var % vs. prom. en importe
Viernes	**2007**								
Marzo	16	26,901.420	0.07%	99,508	3,159,561	165,000	5,721,577	60%	55%
Junio	15	32,128.970	0.05%	224,339	8,444,305	165,000	5,721,577	136%	148%
Septiembre	21	30,583.070	0.32%	460,093	5,412,426	165,000	5,721,577	279%	95%
Diciembre	21	29,638.400	1.68%	131,287	4,298,022	165,000	5,721,577	80%	75%
Viernes	**2008**								
Marzo*	21	n.a.	n.a.	n.a.	n.a.	209,543	5,556,031	n.a.	n.a.
Junio	20	29,533.440	-0.92%	242,104	6,902,525	209,543	5,556,031	116%	124%
Septiembre	19	25,701.030	4.57%	370,321	9,251,709	209,543	5,556,031	177%	167%
Diciembre	19	22,221.640	-0.56%	261,950	5,189,998	209,543	5,556,031	125%	93%
Viernes	**2009**								
Marzo	20	19,363.300	-1.19%	292,334	4,874,618	250,222	5,874,013	117%	83%
Junio	19	24,274.720	-0.27%	225,884	5,103,365	250,222	5,874,013	90%	87%
Septiembre	18	29,942.000	-0.25%	433,711	12,462,615	250,222	5,874,013	173%	212%
Diciembre	18	31,834.070	-0.36%	357,817	11,480,491	250,222	5,874,013	143%	195%
Viernes	**2010**								
Marzo	19	33,022.840	0.16%	341,090	8,334,657	290,443	8,534,567	117%	98%
Junio	18	32,814.620	0.12%	294,513	8,476,007	290,443	8,534,567	101%	99%
Septiembre	17								
Diciembre	17								
Promedio			**0.26%**					**132%**	**118%**

Notas: *feriado, n.a.: no aplica.

4. Glosario

Arbitraje: operación en la que se busca ganar a través de la compra y venta de un bien en diferentes mercados.

Benchmark: índice de referencia o parámetro a vencer, ejemplo el Índice de Precios y Cotizaciones (IPyC).

Derivados: operación financiera pactada a una fecha futura y cuyo valor se basa en el precio de otro bien. El activo del que depende toma el nombre de activo subyacente, por ejemplo el valor de un futuro sobre el oro se basa en el precio del oro. Los subyacentes utilizados pueden ser muy diferentes: acciones, índices bursátiles, valores de renta fija, tipos de interés o también materias primas.

Futuros: es un compromiso para comprar o vender un activo en un determinado plazo y a un precio anteriormente determinado.

Hedge Funds: son sociedades privadas con un reducido número de participantes en las cuales el gestor tiene una significativa participación personal en el capital social, es libre de operar en una amplia variedad de mercados y de utilizar diversas estrategias para cubrirse de riesgos o para concentrarlos mediante diferentes grados de apalancamiento, teniendo como objetivo buscar altos rendimientos.

Opción: contrato que otorga el derecho, pero no la obligación de comprar o vender un activo subyacente a un plazo determinado, mediante el pago anticipado de una prima.

Posición *larga*: posiciones de inversión que consisten en comprar un activo, obteniendo un beneficio con el alza del precio de mercado.

Posición *corta*: posiciones de inversión que consisten en vender un activo, obteniendo un beneficio con la caída del precio de mercado. El objetivo es vender los papeles en un momento inicial de tiempo y cuando caen, comprarlos más baratos.

Volatilidad: varianza anualizada de los rendimientos.

34 Ángeles y demonios en Bolsa

«Ahí donde Dios tiene un templo,
el diablo levanta una capilla».
Robert Burton

Para continuar con temas tenebrosos y muy acorde con la temporada de día de Muertos y/o Halloween, que en las plazas internacionales se recuerda siempre hacia finales de octubre, en esas fechas en 2010 comenzó en la Bolsa Mexicana de Valores la cotización de dos TRAC's (Títulos Referenciados de Acciones) de particular interés: El Ángel (ANGELD) y el Diablo (DIABLOI).

Se trata de instrumentos que permiten al inversionista opciones de rendimientos más agresivos (y por ende de mayor riesgo) y con comportamientos del mercado no necesariamente de alza. Tenga por favor muy presente que el pronóstico de un movimiento bursátil independientemente de su dirección es siempre igual de difícil. Por ello, la prioridad al manejo de riesgo, el conocimiento básico, la metodología, la disciplina y la paciencia son igual o más válidas frente a dichas opciones.

1. El Ángel: si aciertas es el paraíso

El Ángel es un título referenciado al índice diario doble de la BMV (DDBol), que expresa el rendimiento del IPyC pero de doble magnitud, es decir que el rendimiento o pérdida obtenido por el índice será multiplicado por dos. Cuando las expectativas de un inversionista son positivas, el Ángel, ofrece beneficios dobles de un mercado alcista. Sin embargo, si las expectativas no son correctas, las pérdidas serán dos veces mayores.

2. El Demonio: en contra del mercado

El otro TRAC se denomina Diablo y es un título referenciado al índice diario inverso de la BMV (DIBol), que expresa el rendimiento del IPyC, pero en sentido contrario, es decir, si las variaciones de precios de esta muestra resulta en un rendimiento positivo, este índice tendrá un rendimiento negativo de igual magnitud y viceversa.

De esta manera, si un inversionista considera que el IPyC podría tener un ajuste (baja), ya no tendrá que limitarse a desinvertirse esperando niveles más bajos para comprar, con el Diablo, podrá invertirse y obtener rendimientos en un mercado de baja.

Es importante mencionar que en este caso los rendimientos (o minusvalías) en el tiempo resultan aún mayores, por la capitalización de las ganancias (o pérdidas).

Este tipo de alternativas ya existían hasta ese momento (finales de octubre de 2010) pero no para el índice mexicano, aunque prevalece la condición de inversionista calificado para poder participar. Inversionistas calificados son todas aquellas personas físicas o morales con ingresos anuales mayores a 500,000 UDIS y activos de fácil realización por aproximadamente 1,500,000 UDIS.

Esto es de acuerdo con lo que señala la Ley del Mercado de Valores. El valor al 28 de octubre de 2010 por UDI era de $4.464236, por lo que las equivalencias en pesos son 2'234,118 y 6'696,354, respectivamente.

¿Qué es un ETF o TRAC?

Un ETF (*Exchange Traded Fund*) o TRAC (Título Referenciado a Acciones) es un instrumento financiero que busca replicar un índice publicado por una Bolsa de Valores. El objetivo: replicar el rendimiento del índice referenciado en una sola operación. Los inversionistas adquieren certificados emitidos por fideicomisos cuyo patrimonio está integrado por canastas de valores similares a la del índice. Los ETF se clasifican por grado de sofisticación: 1ª generación: referenciados a índice de renta variable (IPyC, Nasdaq) y renta fija (udibonos, bonos gubernamentales o corporativos); 2ª generación: referenciados a materias primas (oro, petróleo) y tipo de cambio (peso, libra, euro); 3ª generación: proveen doble, triple, inverso, doble del inverso, etcétera, diario de los subyacentes descritos; 4ª generación: basados en logaritmos matemáticos. Los principales beneficios son: con una sola transacción se diversifican, representan bajos costos para los inversionistas. Además las comisiones son únicas, públicas y claras.

El Cuadro 34.1. compara el comportamiento del índice doble de la Bolsa de 2009 a 2010, el cual es replicado por el TRAC Ángel y el comportamiento del índice inverso de la Bolsa, el cual es replicado por el TRAC Diablo.

34.1. TRAC'S del IPyC doble e inverso-Ángel vs. Diablo vs. IPyC

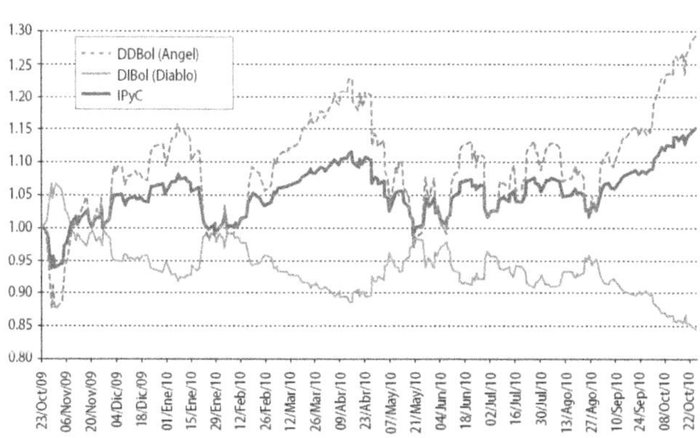

Fuente: Con datos de la BMV.

3. Títulos Referenciados a Acciones (TRAC's)

Los ETF constituyen instrumentos financieros relativamente nuevos que cuentan con un creciente volumen de inversiones alrededor del mundo. El atributo principal de los ETF consiste en que combinan algunos beneficios de la inversión directa en instrumentos de renta variable listados en Bolsas de Valores y susceptibles de ser adquiridos *intradía*, con los beneficios similares a los de una sociedad de inversión indizada, con frecuencia con menores costos que los que implica la inversión en sociedades de inversión. A la fecha, en el mundo hay más de 2,200 TRACS's relacionado con índices accionarios, monedas, deuda y *commodities*.

El primer ETF listado en EE.UU. fue el SPDR (Standard & Poors Depositary Receipt) en el American Stock Exchange (Amex), emitido por State Street Global Advisors y que busca replicar el comportamiento del Índice S&P 500.

En México durante el primer trimestre de 2002, se instrumentó en la BMV la primera colocación y operación de este tipo de instrumentos, mediante el listado del NAFTRAC 02, el primer Título Referenciado a Acciones (TRACS's), que es un instrumento muy similar a los ETF cotizados en otros mercados. Estos instrumentos utilizan como vehículo un Fideicomiso de Inversión que emite Certificados de Participación en función al monto y valores que mantenga bajo su administración, los cuales son negociados libremente en el mercado accionario.

Es importante señalar que los certificados, podrían ser considerablemente distintos a los demás ETF a que se refiere este apartado. Los marcos fiscales, legales, estructurales y regulatorios aplicables a los ETF antes descritos pueden diferir sustancialmente respecto de los aplicables a los certificados. Además, los otros ETF se encuentran basados en índices distintos, pueden estar basados en distintos métodos de administración y tener una estructura de gastos distinta a la de los certificados.

35 No se complique: sentido común

«El sentido común es el menos común de los sentidos».
H. Greele

Termino este proyecto con un capítulo por demás especial pues invita a una acción menos complicada y de alcance universal que pocas veces explotamos... ¡El sentido común!

Como en muchas otras actividades (disciplinas), el hacer procesos muy complicados o sofisticados para invertir en el mercado accionario pareciera muchas veces que es lo correcto... ¡No necesariamente!

Ya lo hemos platicado antes. Una característica indispensable en una metodología de inversión bursátil (forma parte de los ingredientes de éxito junto con el conocimiento, la disciplina y la paciencia) tiene que ser la sencillez. Y dentro de la sencillez, el sentido común juega un rol primordial al que pocas veces atendemos.

Cada vez que participo en reuniones de trabajo con un grupo de colegas muy capacitados del área de Estrategia y Análisis y/o con inversionistas finales en las que surgen teorías y fórmulas relativamente complejas para identificar y seleccionar emisoras para un portafolio, recuerdo uno de los primeros libros que leí hace muchos años llamado *One Up on Wall Street* de Peter Lynch (se lo recomiendo mucho).

Lynch sugiere situaciones tan evidentes, pero tan ciertas en el proceso de identificación de empresas para invertir en el mercado accionario que resulta difícil creer que no se tomen en cuenta muchas veces. Lynch calificaba a su esposa como su mejor analista y procuraba atender e investigar siempre que la escuchaba a ella y/o a su grupo de amigas hablando de lo maravilloso que resultaba un producto nuevo en el mercado (¿qué empresa lo estaba produciendo?).

Para identificar lo caro o barato del mercado recomendaba observar en una reunión social qué tipo de profesionista era el que captaba la atención. Si las preguntas eran para él en su calidad de manejador de fondos y estratega bursátil, entonces era momento de vender, pero si la atención era para el dentista, entonces era momento de comprar.

Claro que en un mercado accionario como el nuestro, donde la cantidad de emisoras y participantes es infinitamente menor que en países desarrollados como EE.UU., habría que ajustar los indicadores de sentido común pero reconocer que son igual de válidos.

A mí me tocó atestiguar en México, durante el *boom* de principios de los ochenta (¡qué época! el índice de la Bolsa subía todos los días no menos de 2%), un boleador de zapatos que entró a nuestras oficinas porque quería invertir en Bolsa (una señal evidente de mercado caro que no supimos interpretar más que como un suceso anecdótico).

Recuerdo también los años en que los eventos de entretenimiento en vivo en México comenzaron a ser más accesibles (seguros, precios razonable, instalaciones cómodas, etcétera) y con una oferta de artistas locales e internacionales muy atractiva. Todos comenzamos a asistir con gran frecuencia pues aquello no existía antes en México (ahora sí me sentí muy viejo). Detrás de ello, estaba una empresa llamada Compañía Interamericana de Entretenimiento comandada por Alejando Soberón, extraordinario profesionista y visionario con quien pude entrevistarme varias veces y cuyas acciones en Bolsa (CIE) tuvieron por muchos años rendimientos extraordinarios.

Un ejemplo más de sentido común me ocurrió a mediados de los noventa en otro momento de crisis en México. Durante una conferencia con un grupo de estudiantes en la Universidad Intercontinental

(UIC), uno de ellos me pedía una fórmula para identificar con claridad la crisis económica que atravesábamos. Recordé al maestro Lynch y propuse atender situaciones evidentes… ¿Has viajado menos este año?, ¿asistes a restaurantes con la misma frecuencia?, ¿algunos amigos tuyos han tenido que dejar la escuela?… ¡Sentido común!

Le comento un poco más sobre Peter Lynch, quien alguna vez dijo que invertía en títulos de empresas que podría gestionar hasta un idiota. Lo importante es un excelente producto y una buena marca. Para verificar los productos de las empresas donde invertía, visitaba supermercados regularmente y también negocios especializados. Lynch charlaba atentamente con clientes y empleados tratando de evaluar si los mismos estaban contentos y satisfechos con los productos de las firmas elegidas. Un procedimiento simple para lograr una impresión real de los riesgos y oportunidades de inversión.

Durante los trece años en los que gestionó el Magellan Fund de Fidelity, consiguió batir todos los años con creces a los índices y demás fondos de inversión. Lynch empezó a gestionar con éxito el Magellan cuando todavía era un fondo desconocido y terminó gestionando con éxito una criatura que se había convertido en el fondo de inversión de mayor tamaño de su época, obteniendo una rentabilidad de 30% anual.

De otro de sus libros, *Beating The Street,* comparto una traducción de algunas de sus reglas de oro y una interpretación muy personal:

Cuadro 35.1. Reglas de oro para invertir

Regla	Comentario
Invertir es divertido, excitante y peligroso si no haces los deberes.	Dar prioridad al cuidado del riesgo.
Detrás de cada acción hay una compañía. Averigua a qué se dedica.	Atender fase de selección.

A menudo no existe una correlación entre el éxito y los resultados de una compañía y la evolución de su cotización en los siguientes meses o incluso años. Sin embargo a largo plazo, la correlación entre el buen desempeño de una compañía y su cotización es de 100%. Esta ineficiencia del mercado es la clave para ganar dinero. Recompensa ser paciente y comprar acciones de compañías exitosas.	La importancia de factores fundamentales y el tan señalado componente de paciencia (escenarios de mayor plazo).
Tienes que saber qué es lo que compras y por qué los compras.	¡No es únicamente el precio!
Poseer acciones es como tener hijos. No tengas más de las que seas capaz de manejar. Un inversor a tiempo parcial probablemente tenga la capacidad de seguir entre ocho y doce compañías y tener unas cinco en su cartera.	Atender fase de diversificación inteligente.
Si no encuentras ninguna compañía atractiva donde invertir guárdate el dinero en el banco hasta que la descubras.	Atender criterios fundamentales.

Evita comprar acciones *calientes* en industrias que estén de moda. Buenas compañías en industrias maduras son de forma consistente las grandes ganadoras.	Atender criterios fundamentales.
Nunca inviertas en una compañía de la que no comprendas sus estados financieros. Las grandes debacles en la cotización de una acción suelen ser de compañías con un débil balance.	Atender criterios fundamentales.
Si quieres comprar acciones de compañías que estén en una industria con problemas, compra siempre acciones de las compañías líderes en la industria y espera a que aparezcan los primeros signos de recuperación antes de comprar.	Atender criterios fundamentales.
Todo el mundo tiene el cerebro suficiente para ganar dinero en Bolsa, pero no todo el mundo tiene suficiente estómago. Si eres susceptible de vender toda tu cartera en los momentos de pánico del mercado, mejor no inviertas en acciones.	De nuevo paciencia y entendimiento de diferencia entre minusvalía y pérdida.

Nadie puede predecir los tipos de interés ni la evolución de la economía o de la Bolsa. Olvídate de todo este tipo de estimaciones y concéntrate en lo que actualmente les está pasando a las compañías en las que has invertido.	Punto particular asociado con los distintos factores de influencia que en otras ocasiones hemos señalado: fundamental, estructural, psicológico y técnico. Justifica además el uso de herramientas complementarias reactivas ejemplo promedios móviles, etcétera.
Si no investigas a las compañías donde inviertes, tienes las mismas probabilidades de éxito que ganar en una partida de póquer sin mirar tus cartas.	Esto es la diferencia entre apostar, jugar e invertir.
Siempre hay signos de preocupación, pero vende una acción porque los fundamentos de la compañía se están deteriorando no porque el cielo se pueda caer.	Atender criterios fundamentales.
Con compañías pequeñas, es mejor esperar a comprar acciones una vez que están generando beneficios.	Atender fase de selección.

Observa en la calle compañías que estén teniendo éxito y que consideres que sus productos son una maravilla. Con esta técnica puedes descubrir excelentes oportunidades de inversión mucho antes que los profesionales.	¡Sentido común!

Fuente: Lynch, Peter, *Beating The Street*.

Para cerrar este capítulo recuerde que todo el análisis fundamental que lleva a cabo un profesionista especializado se traduce finalmente en un pronóstico de precio conocido en el medio como precio objetivo (*price target*). Así que además del sentido común le recomiendo: no olvide preguntar sobre el precio objetivo de las acciones de la empresa cuyo producto comenten su esposa y sus amigas.

36

Un día para recordar

«Por mi raza hablará el espíritu».
Universidad Nacional Autónoma de México

Compartir ciertos aspectos personales con audiencia y lectores es importantísimo para establecer lazos de confianza.

Hacia el mes de septiembre del 2011, concluí de manera muy satisfactoria un ciclo profesional sumamente importante en una gran institución (Ixe Grupo Financiero) a la que siempre recordaré con cariño y agradecimiento.

Las siguientes semanas, me sirvieron para reflexionar y valorar la importancia de un «siguiente paso». Necesitaba encontrar un nuevo camino integral de crecimiento personal y profesional, que me permitiera ser congruente con los valores, la disciplina de trabajo y los objetivos de responsabilidad social a través de la difusión en materia de inversiones que vengo realizando desde hace años.

Una sola entrevista con Antonio del Valle Perochena, sirvió para saber que el Grupo Financiero Bx+, era la decisión correcta, no podía existir mayor coincidencia y reto que participar en el desarrollo de una «nueva» Casa de Bolsa de gran potencial.

La mejor prueba de lo acertado de mi decisión, fue el primer desayuno que tuve ya como Director de Análisis y Estrategia Bursátil de Casa de Bolsa BX+, en el que junto con el mismo Antonio del

Valle y el Dr. Juan Alberto Adam Siade, Director de la Facultad de Contaduría y Administración de la Universidad Nacional Autónoma de México acordamos participar en el programa de ASIGNATURAS EMPRESARIALES Y ORGANIZACIONALES.

A partir del 2012, BX+ imparte la cátedra de Inversión Patrimonial que tuve la oportunidad de diseñar y en la que participan otros colegas de la misma institución como nuestro Economista en Jefe, Manuel Guzmán Moreno, y un grupo de directores de distintas empresas en Bolsa, quienes sin mayor interés que el de compartir experiencias y conocimiento «real» con nuevas generaciones enriquecen enormemente nuestra cátedra.

No es un tema menor amigo lector, recuerde que cuando nos referimos a los grandes retos y oportunidades de este país nuestro, el común denominador de todos ellos apunta a un mismo origen: LA EDUCACIÓN. Decía el sabio pensador chino Confucio que «Donde hay educación no hay distinción de clases».

Y aunque la educación deberá entenderse siempre en un sentido amplio que abarque valores como el respeto y la honestidad que inician desde nuestros hogares, la educación académica por sí misma representará siempre la primera llave para abrir la puerta de las oportunidades. Oportunidades que crecen en la medida en que la experiencia profesional se suma y enriquece a un estudiante.

No pude resistir compartir con usted y plasmar el recuerdo de este día y evento que resultó de especial importancia. Iniciaba una nueva etapa profesional al mismo tiempo que acordábamos participar con la máxima casa de estudios de Mexico, ¡mi querida universidad!... Que gusto el «regresar a casa».

Carlos Ponce Bustos

Anexo I
Componentes de un plan de negocios

A continuación un poco más de información sobre las características de un plan de negocios.

1. Estrategias y *tips* prácticos

- Escribir un plan de negocios no tiene que seguir necesariamente una secuencia lógica.
- Cada sección del plan deberá incluir sus metas y estrategias.
- Meta a largo plazo y luego dividirla en otras de menor plazo (importe, volumen, plazo, etcétera)
- Los planes de negocios no se escriben en piedra, son flexibles de acuerdo con las circunstancias.
- Utilice su plan de negocios para crear valor en su compañía. «Lleve a cabo este proceso como si estuviera construyendo una compañía que pronto piensa vender» (adquisición de activos, servicio al cliente o propiedad intelectual).

2. Elementos de un plan de negocios

2.1 El resumen ejecutivo

- Concepto de su negocio (fabrica, comercializadora, sector, etcétera).
- Puntos financieros básicos (proyecciones de venta y requerimientos de capital) y estatus actual.
- Identificación de dueño(s), personal clave y cómo cada uno contribuye al desempeño del mismo.

2.2. Descripción del negocio

- Estudie la industria en la que su negocio opera.
- Mercado al que se dirige.
- Descripción de la empresa: estructura operativa (ventas al menudeo, mayoreo, manufactura o servicios).
- Situación legal (es una sociedad anónima, una cooperativa, una sociedad civil, etcétera).
- Base de clientes, productos o servicios.
- Métodos de distribución.
- Enfatice qué separa a su negocio de competidores (valor agregado).

2.3. Estrategias de mercado (mercadotecnia)

- Defina mercado (tamaño, estructura, proyección de crecimiento, tendencias y potencial de ventas).
- Participación de mercado esperada (cómo fijará precios, promoción de su producto, distribución).
- Mercadotecnia (estrategias de ventas, publicidad, relaciones públicas, promociones especiales y/ o actividades en pro de la comunidad).

2.4. Análisis de la competencia

- Identificar competidores actuales y futuros.
- Analizar fortalezas y debilidades.
- Comprender razones detrás de éxitos y/o fallas.

2.5. Planes de diseño y desarrollo

- Describir diseño de producto (cómo será desarrollado en producción y *marketing*).
- Se basa en la comercialización de un producto nuevo, invención propia.

- Incluya plan de prueba o testeo.
- Incluya en presupuesto compra de materiales, costos operativos, administrativos y servicios profesionales.

2.6. Planes operativos y de dirección (funcionamiento día a día)

- Responsabilidades específicas.
- Desempeño de funciones.
- Necesidades de capital y gastos.
- Cuenta con los recursos necesarios (instalaciones, equipo, materiales y mano de obra) para operar como lo planea.

2.7. Componentes financieros

- Estado de ingresos, de resultados y de flujo de efectivo.
- Perspectiva histórica, así como una proyección hacia el futuro de su situación financiera.
- Razones financieras (márgenes financieros).
- Rentabilidad de capital.

Anexo II
Más de franquicias

A continuación un poco más de información sobre las franquicias en México, extraídas del directorio publicado por la revista *El Inversionista* en su número de febrero de 2009.

Cuadro A2.1. Franquicias (cuota inicial y monto inversión en miles de pesos)

	Franquicia	Producto	Cuota inicial	Monto inversión inicial total	Retorno inversión (meses)	Regalías para operación
	Agencias de viaje					
1	Edutravel	Agencia de viajes	150.0	480.3	28	1,905.0
2	Excel Tours	Agencia de viajes	127.0	215.9	18	2,120.9
3	Mexicana de Aviación	Agencia de viajes	250.0	900.0	22	N/A
4	Mundo Joven Travel	Agencia de viajes	317.5	635.0	29	N/D
5	Viajes Didáctica	Viajes escolares	100.0	120.0	24	4.0%
6	Viajes Liberación	Agencia de viajes	150.0	150.0	12	Variable
	Agencias inmobiliarias	**Producto**	**Cuota inicial**	**Monto inversión inicial total**	**Retorno inversión (meses)**	**Regalías para operación**
7	Century 21	Bienes raíces	25.0	1,200.0	N/D	4.0%
8	Coldwell Banker	Bienes raíces	13.0	20.0	N/D	6.0%
9	Re/Max	Inmobiliaria	300.0	400.0	14	N/A

	Alimentos / aguas purificadas y bebidas	Producto	Cuota inicial	Monto inversión inicial total	Retorno inversión (meses)	Regalías para operación
10	Aguarama	Agua purificada	N/D	275.0	N/D	10.0%
11	Aqua Scandik	Bebidas y aguas	N/D	70.0	N/D	6.0%
12	Chispagua	Agua purificada	N/D	750.0	N/D	5.0%
13	Clamato World	Bebida a base de clamato	1,500.0	6.0	2-6	N/A
14	Faro de Agua	Agua purificada	N/D	85.0	N/D	7.0%
15	La Ciudad de Colima	Jugos	N/D	190.5	N/D	5.0%
16	Ocean King	Agua	N/D	120.0	N/D	5.0%
17	Zumba Smoothies	Bebidas de fruta natural	127.0	300.0	18-20	3,250.0
	Alimentos / café y cafeterías	**Producto**	**Cuota inicial**	**Monto inversión inicial total**	**Retorno inversión (meses)**	**Regalías para operación**
18	Barra de Café Gourmet	Café	N/D	500.0	N/D	4.0%
19	Café Calesa	Café tipo gourmet	N/D	500.0	18	N/D
20	Café Punta del Cielo	Cafetería	N/D	700.0	N/D	5.0%
21	Café Macchiato	Cafetería	114.5	190.0	12	N/A
22	Como a la Antigua	Cafetería y pan horneado	150.0	500.0	24	4%
23	Ilianae Café	Cafetería, chocolates y pasteles	200.0	750.0	29	3.50%
24	Dazbog Coffee	Cafetería	N/D	3,337.6	N/D	N/D
25	El Hombre de la Mancha	Cafetería y librería	N/D	2,540.0	N/D	N/D
26	Finca Sta. Veracruz	Barras de café	N/D	230.0	N/D	4,500.0
27	Java Times Caffé	Cafetería de especialidad	330.2	508.0	17	7.0%
28	La Selva Café	Cafetería y alimentos	N/D	190.5	N/D	4.0%
29	Lilians Coffees	Cafetería gourmet	N/D	975.0	N/D	4.0%

30	The Buzz Café	Cafetería	160.0	1,600.0	26	3.0%
31	The Coffee Factory	Cafetería	25.0	950.0	18-36	6.0%
32	The Italian Coffee	Cafetería	N/D	1,651.0	24-36	N/D
33	Village Café	Cafetería	N/D	500.0	N/D	N/A
	Alimentos / donas y pastelerías	**Producto**	**Cuota inicial**	**Monto inversión inicial total**	**Retorno inversión (meses)**	**Regalías para operación**
34	Beleki Donitas	Donitas y café	190.5	63.5	18	2,540.0
35	Cinnabon	Repostería	N/D	2,540.0	N/D	5.0%
36	Don Churro	Churrería	N/D	150.0	N/D	6.0%
37	Dunkin Donuts	Donas y pan dulce	N/D	889.0	N/D	6.0%
38	El Churro Charro	Churros y bebidas frías	120.0	N/D	10	6,000.0
39	El Mundo del Arlequín	Chocolates artesanales	N/D	100.0	12-18	N/D
40	Galletas Mac'Ma	Galletas y repostería	N/D	170.0	N/D	N/A
41	Gogodonuts	Donas y café	165.0	200.0	10-14	N/A
42	House of Bread	Pan y pasteles	N/D	1,943.1	N/D	N/D
43	Kiko Donas	Donas	N/D	200.0	12	N/D
44	La Artesa	Panadería	N/D	408.0	24	N/A
45	La Boutique del Pan	Repostería	N/D	1,700.0	N/D	3.0%
46	Mr. Churro	Churros rellenos y tradicionales	N/D	250.0	N/D	5.0%
47	Pastelería Holandesa	Pastelería y repostería	63.5	222.3	18	2.5%
48	Quequimágico	Panadería y repostería fina	153.0	10.0	9-12	1,000.0
49	Sharon's	Pastelería	170.0	150.0	24	5%
50	The Bagel Factory	Panadería especializada en bagels	N/D	60.0	18-30	N/D

	Alimentos / Golosinas	Producto	Cuota inicial	Monto inversión inicial total	Retorno inversión (meses)	Regalías para operación
51	Chilim Balam	Dulces	150.0	1,000.0	23	6.0%
52	Chilitos & Drink's	Fruta deshidratada	46.0	180.0	12-15	5.0%
53	Dulcería El Payaso	Dulces	100.0	600.0	12-18	1.0%
54	Dulcería La Estrella	Dulcería	N/D	45.0	N/D	N/A
55	Escamochas Naturalmente Delicioso	Fruta procesada, jugos y *smoothies*	100.0	120.0	6-12	5.0%
56	El Rey del Dulce	Dulces y artículos para fiestas	165.0	550.0	36	Variable
57	Jicaletas	Golosina nutritiva	31.8	N/D	12	10.0%
58	La Tradicional	Dulces regionales de Celaya	78.0	250.0	22	4.5%
59	La Tradicional de Salgado	Dulces y fabricación de cajeta	78.5	Variable	12	Variable
60	Pica Limón El Santo Antojo	Frutas aderezadas	N/D	150.0	N/D	5.0%
61	Qué Antojo!	Fruta fresca y deshidratada	130.0	130.0	9	3,000.0

	Alimentos / hamburguesas	Producto	Cuota inicial	Monto inversión inicial total	Retorno inversión (meses)	Regalías para operación
62	Burger King	Hamburguesas	N/D	10,000.0	N/D	5.0%
63	Carl's Jr. Restaurant	Hamburguesas	N/D	3,810.0	N/D	N/D
64	Chesse Burger In Paradise	Hamburguesas	N/D	19,050.0	N/D	N/A
65	Johnny Rockets Group Inc.	Hamburguesas	N/D	641.0	N/D	N/D
66	La Cabaña de Fuentes	Hamburguesas	200.0	350.0	18	N/A
67	McDonald's	Hamburguesas	45.0	600.0	60-84	5.0%
68	The Counter	Hamburguesas	N/D	750.0	N/D	N/D
69	X-Burger	Hamburguesas	290.0	1,700.0	20-30	3.0%

	Alimentos / helados	Producto	Cuota inicial	Monto inversión inicial total	Retorno inversión (meses)	Regalías para operación
70	Acapulco Ice	Raspados de frutas naturales	60.0	160.0	6	5.0%
71	Baskin - Robbins	Helados y yoghurt	20.0	450.0	N/D	N/D
72	Ben & Jerry's	Helados	N/D	500.0	N/D	Variable
73	Dairy Queen	Helados	N/D	5,000.0	N/D	5.0%
74	Danny - Yo	Helados	228.6	42.0	18-24	17,780.0
75	Delit	Helados de frutas	50.0	480.0	24	4.0%
76	Dippin Dots	Helados	66.0	180.0	14	N/A
77	Häagen-Dazs	Helados súper Premium	1,270.0	1,000.0	24-36	0.0%
78	Hawaiian Paradise	Raspados	114.5	50.0	12	0.0%
79	Helados Bing	Helados	N/D	200.0	N/D	N/A
80	Helados Holanda	Helados	N/A	150.0	18-24	N/A
81	Helados Santa Clara	Helados	N/D	1,000.0	N/D	N/A
82	Helados Sparkles	Helados y paletas	150.0	220.0	6-18	5%
83	Helados Sarita	Helados de sabores	N/D	38.1	6-18	N/D
84	Il Luogo Punto Di Encontro	Helado artesanal	650.0	600.0	24	5%
85	Nevería Jalisco	Raspados de frutas naturales	N/D	45.0	9-12	N/D
86	Nutrisa	Helados y productos naturistas	85.0	500.0	24	N/A
87	Topolino	Helados	N/D	620.0	N/D	5%
88	Tropical Son	Raspados	N/D	50.0	3-6	N/D
89	Yuno	Raspados y botanas	119.0	150.0	24	N/A

	Alimentos / pizzas	Producto	Cuota inicial	Monto inversión inicial total	Retorno inversión (meses)	Regalías para operación
90	Al Macarone	Pizza	N/D	1,587.5	N/D	3.0%
91	Domino's Pizza LLC	Pizza	N/D	1,505.0	N/D	N/D
92	Papa John's	Pizza	N/D	1,500.0	N/D	N/D
93	Peter Piper Pizza	Pizza	N/D	12,700.0	N/D	N/D
94	Pizza Carlo Vicencci	Pizza	N/D	180.0	12	N/D
95	Pizza del Rey	Pizza	254.0	800.0	24-36	5.0%
96	Pizza Hut	Pizza	N/D	2,875.0	N/D	N/A
97	Pizza Inn	Pizza	N/D	8,255.0	N/D	N/D
98	Pizzas Lukas	Pizza	50.0	200.0	9-15	$1,400 sem
99	Toogino's	Pizza	80.0	1,000.0	8-12	6.0%
100	Villa Pizza / Cozzli's Pizza	Pizza	N/D	3,770.6	N/D	N/D
101	Z Pizza	Pizza	N/D	185.5	N/D	N/D
	Alimentos / pollos	**Producto**	**Cuota inicial**	**Monto inversión inicial total**	**Retorno inversión (meses)**	**Regalías para operación**
102	Broaster	Especialidad de pollo	N/D	635.0	12	N/D
103	Church's Chicken	Pollo frito	N/D	4,191.0	N/D	5.0%
104	KFC	Pollo frito	25.0	8,625.0	N/D	N/D
105	Pollo Campero	Especialidad de pollo	N/D	300.0	Variable	N/D
106	Pollo Pepe	Pollo frito	127.0	1,000.0	32	5.0%
107	Pollos Río	Pollos rostizados a la leña	381.0	7,086.6	24-36	5.0%
108	Popeyes Chicken	Pollo frito	381.0	7,086.6	N/D	3.0%
109	Tip Top	Comida en base pollo	N/D	1,092.2	48-60	N/D
110	Wing's Army	Alitas de pollo en diferentes sabores	N/D	830.0	N/D	3.0%
111	Wing Zone Franchise Corp.	Alitas de pollo	N/D	225.0	N/D	N/D
112	Wingstop Restaurants Inc.	Alitas	N/D	3,275.3	N/D	N/D

	Alimentos / sandwiches y tortas	Producto	Cuota inicial	Retorno inversión (meses)	Retorno inversión (meses)	Regalías para operación
113	Arby's	Sándwiches, pollo y ensaladas	317.5	4,273.6	N/D	4.0%
114	Big Apple Bagels	Bagels, sándwiches	317.5	3,229.6	N/D	5.0%
115	Big Torta	Tortas	N/D	3,810.0	N/D	5.0%
116	Blimpie	Sandwiches submarinos	228.6	1,808.5	N/D	5.0%
117	Subway	Sándwiches	76.1	Variable	N/D	N/D
118	Sportortas	Tortas	320.0	250.0	12-18	1,500.0
119	Tortas, Tacos y Tostadas	Tortas	355.0	355.0	12	5.0%
120	Tortas Locas Hipocampo	Tortas	N/D	165.0	12-18	N/D
	Alimentos / varios	**Producto**	**Cuota inicial**	**Retorno inversión (meses)**	**Retorno inversión (meses)**	**Regalías para operación**
121	Asado del Valle	Restaurante y pizzería uruguaya	350.0	1,500.0	24-28	5.0%
122	Charley's Grilled Subs	Submarinos a la parilla	247.7	1,619.3	N/D	5.0%
123	Chicken House & Salads	Ensaladas frescas	150.0	500.0	16-24	5.0%
124	Gustito's	Cocteles con clamato y camarón	250.0	100.0	6-12	10,000.0
125	La Casa del Waffle	Waffles y crepas	N/D	2,540.0	36	N/D
126	La Wafflería	Waffles y crepas	275.0	2,000.0	24-26	5.0%
127	Mini Tamalli	Tamales	200.0	650.0	18	3.0%
128	Nutrisalad	Frutas, licuados y ensaladas	130.0	690.0	28	5.0%
129	Saladmanía	Ensaladas, baguettes y bebidas naturales	N/D	350.0	12-24	N/D
130	Señor Molletes	Comida especializada en molletes	N/D	350.0	N/D	2.0%
131	Server Las Ensaladas	Comida saludable	N/D	800.0	N/D	5.0%
132	Sir Chocolate	Fuentes de chocolate kioscos	N/D	524.5	N/D	N/D
133	Sushi Snack	Comida japonesa *snack*	N/D	125.0	12	N/D

134	Taco's Fish	Venta de comida rápida	N/D	150.0	11	N/D
135	Tashi	Rollos de sushi y comida japonesa	N/D	175.0	14	N/D
136	The Hot Baking Company	Alimentos y bebidas	200.0	1,650.0	24	5.0%
	Asesoría y consultoría	**Producto**	**Cuota inicial**	**Monto inversión inicial total**	**Retorno inversión (meses)**	**Regalías para operación**
137	Business Advisers Int'l	Consultoría	508.0	927.1	N/D	5-15%
138	Action Coach	Asesoría y consultoría	635.0	1,045.2	N/D	22,860.0
139	Alternative Coach	Asesoría y consultoría	317.5	602.0	N/D	Variable
140	Ami International	Asesoría migratoria	N/D	381.0	6-12	N/D
141	Asesori	Servicios empresariales	N/D	352.0	N/D	10.0%
142	Azteca Motors Company	Proyectos empresariales	N/D	1,000.0	N/D	5.0%
143	Curso Empresariales	Consultoría empresarial	N/D	100.0	12	N/D
144	Evolucione	Consultoría y capacitación	250.0	775.0	N/D	Variable
145	Expense Reduction Analysts	Consultoría en reducción de gastos	38.1	38.1	18	20.0%
146	Human Employ Solution	Consultoría en recursos humanos	N/D	635.0	3	N/D
147	Intecplan	Asesoría en proyectos de inversión	N/D	300.0	10	N/D
	Belleza / bronceado y perfumes	**Producto**	**Cuota inicial**	**Monto inversión inicial total**	**Retorno inversión (meses)**	**Regalías para operación**
148	26 Power Center	Acondicionamiento físico	N/D	480.0	N/D	N/A
149	Alejandra Villagómez	Aplicación de uñas de acrílico	N/D	800.0	N/D	4.0%
150	Alejandro Loccoco Profesional	Salón de belleza	400.0	900.0	28	5.0%
151	Aromaterapia	Productos aromaterapéuticos	N/D	70.0	N/D	N/A
152	Bella Kara Cosmetics	Cuidado de la piel	N/D	127.0	N/D	N/A
153	Bellaláser	Depilación láser y otros tratamientos	200.0	1,000.0	32-38	10.0%

154	Body Evolution	Acondicionamiento físico	N/D	250.0	N/D	6.0%
155	Body Solution	Fajas reductivas y productos de belleza	N/D	90.0	18	N/D
156	Botanicus	Belleza	N/D	508.0	N/D	N/A
157	Broncearium	Centro de bronceado	90.0	370.0	18	N/D
158	Buena Imagen	Tratamientos capilares y faciales	N/D	450.0	N/D	5,000.0
159	Ciecsa	Centro de estética corporal	81.0	1,524.0	18	5.0%
160	Corpomen	Cuidado para el hombre	N/D	600.0	N/D	5.0%
161	Curves	Acondicionamiento físico	270.0	254.0	12-18	Variable
162	Cuts Fitness For Men	Centro de Acondicionamiento	N/D	750.0	N/D	5,080.0
163	Depilarte	Depilación para damas	N/D	103.0	N/D	8
164	Divina New Body	Tratamientos integrales de belleza con láser	N/A	25,400.0	12	N/A
165	D'Orleans París	Perfumes y esencias de contratipo	N/D	50.0	N/D	N/A
166	Effleurage	Cuidado corporal	143.5	N/D	18-22	5.0%
167	Fitness One Gym	Acondicionamiento físico	N/D	200.0	N/D	3,950.0
168	Fragancias Similares	Perfumería	N/D	35.0	N/D	N/A
169	Fraiché	Perfumería	50.0	250.0	12-18	2.0%
170	Greñitas	Estética infantil	N/D	500.0	N/D	5.0%
171	Life and Men Estética Masculina	Cuidado y belleza para hombres	N/D	50.0	N/D	400.0
172	Missha	Belleza y salud	N/D	365.0	N/D	N/A
173	Perfumes Europeos	Perfumes	N/D	65.0	9-12	N/A
174	Solarium Center	Belleza y bronceado	N/D	825.5	N/D	N/D
175	Tempo Di Relax	Belleza	25.0	40.0	6	3.5%
176	Todo Para sus Pies	Servicios de pedicurista y manicuristas clínicos	N/D	1,054.1	N/D	6.0%

177	Valentina	Clínica de medicina estética	500.0	3,492.1	15	10.0%
178	Vibragym	Plataformas de vibración muscular	N/D	450.0	N/D	5,500.0
179	Xuxu	Perfumería	15.0	100.0	18	N/A
180	Zoo Kids	Estética infantil	N/D	30.0	N/D	N/A
	Centros Recreativos y de Entretenimiento	**Producto**	**Cuota inicial**	**Monto inversión inicial total**	**Retorno inversión (meses)**	**Regalías para operación**
181	A.G.E. Always Great Events	Entretenimiento	200.0	100.0	18	5,000.0
182	Américo Sistemas de Diversión	Entretenimiento	N/D	1,000.0	N/D	N/A
183	Arcofiestas	Entretenimiento infantil	190.5	44.5	15	3175
184	Golfito México	Entretenimiento	N/D	72.0	12-18	Fija
185	Gotchamanía	Entretenimiento	N/D	400.0	N/D	Variable
186	Megaparty	Entretenimiento	N/D	4,826.0	N/D	N/A
187	Mr. Gotcha	Entretenimiento	N/D	228.6	6	N/A
188	Piccolo Mondo	Entretenimiento infantil	367.5	2,500.0	24-30	3.0%
189	Psycogotcha	Entretenimiento	N/A	320.0	10-12	N/A
190	Recórcholis!	Entretenimiento	381.0	11.5	36	6.0%
191	Soccer Palace	Entretenimiento	N/D	1,200.0	N/D	N/A
192	Talent Kids Smiling Games	Entretenimiento	N/D	800.0	N/D	N/A
193	Xtreme Planet	Entretenimiento	N/D	1,000.0	N/D	3.0%
	Computación, *software* y servicios de Internet	**Producto**	**Cuota inicial**	**Monto inversión inicial total**	**Retorno inversión (meses)**	**Regalías para operación**
194	Administración por Computadora	Sistemas de cómputo	N/D	90.0	N/D	N/A
195	Calidad.com	Asistencia y *sofware*	120.0	420.0	10-16	N/A
196	Grupo Internet	Servicio de Internet	N/D	13.0	N/D	N/D

197	Intercel	Servicio Internet inalámbrico	N/D	30.0	N/D	40.0%
198	Lapstec We Repair Laps & Ipods	Laptops & tecnología portátil	N/D	1,150.0	N/D	5.0%
199	Netfonic Wireless	Internet inalámbrico	N/D	125.0	N/D	N/A
	Construcción	**Producto**	**Cuota inicial**	**Monto inversión inicial total**	**Retorno inversión (meses)**	**Regalías para operación**
200	Marbel Renewal	Restauración y pulido	N/D	75.0	N/D	9.0%
201	Omega	Comercialización de vivienda	N/D	450.0	N/D	Variable
202	Sika	Químicos para la construcción	N/D	70.0	N/D	N/A
	Decoración	**Producto**	**Cuota inicial**	**Monto inversión inicial total**	**Retorno inversión (meses)**	**Regalías para operación**
203	Artex	Decoración y muebles	N/D	200.0	N/D	N/A
204	El Arte Francés	Fab. de candiles y lámparas	N/D	408.0	N/D	5.0%
205	Franquicias IQ Procenter	Decoración y remodelación	N/D	500.0	N/D	1.5%
206	Galerías Maple	Decoración	N/D	1,500.0	N/D	N/D
207	Hambiente	Decoración	N/D	500.0	N/D	N/D
208	Ka International	Decoración y remodelación	N/D	1,000.0	N/D	N/A
209	Muebles y Decoración Segusino	Muebles Rústicos y contemporáneos	N/D	200.0	N/D	N/A
210	New Look Bath & Kitchen	Decoración y remodelación	N/D	170.0	N/D	N/A
211	Tecno Blinds Shop	Persianas y cortinas	N/D	250.0	N/D	N/A
212	Tutto Pelle	Muebles de piel	N/D	1,905.0	N/D	N/D
213	Servimarco	Marcos	N/D	100.0	N/D	N/A

	Educación y Capacitación	Producto	Cuota inicial	Monto inversión inicial total	Retorno inversión (meses)	Regalías para operación
214	Aentheos	Reclutamiento y capacitación	N/D	250.0	N/D	5%
215	Casa E	Cultura emprendedora para niños	50.0	150.0	18	N/A
216	Colegio de Masajes	Escuela de masajes	250.0	700.0	24	5.0%
217	Colegio Valle de Filadelfia	Educación preescolar	381.0	317.5	24-36	5.0%
218	Corbuse	Instituto gastronómico	1,016.0	3,429.0	32	10.0%
219	Crestcom Internacional	Capacitación a ejecutivos	N/D	700.0	N/D	34.5%
220	Diverciencia	Capacitación	N/D	317.5	N/D	6.0%
221	Infantes y Crayones	Educación preescolar	350.0	500.0	36	1.0%
222	Kip Mc Grath	Apoyo extraescolar	N/D	400.0	N/D	Variable
223	Kumon	Educación	N/D	50.0	N/D	N/D
224	Matemáximas	Enseñanza de Matématicas y material didáctico	N/D	30.0	N/D	N/A
225	Mexicana de Becas Excelencia	Planes de ahorro para educación	N/D	250.0	N/D	N/A
226	Niños Triunfadores	Cursos de superación personal	30.0	15.0	6	3.0%
227	Numeralia	Centros de aprendizaje de Matemáticas	N/D	99.0	N/D	N/A
228	Universidad CNCI	Educación	720.0	2,000.0	36	15.0%

	Educación / estimulación temprana	Producto	Cuota inicial	Monto inversión inicial total	Retorno inversión (meses)	Regalías para operación
229	Acty Gym	Estimulación temprana	N/D	645.0	N/D	5.0%
230	Gymboree	Centro de desarrollo infantil	N/D	1,500.0	N/D	6.0%
231	High Touch High Tech	Educación y entretenimiento	N/D	145.0	N/D	800.0
232	Kids In Action	Acondicionamiento físico para niños	444.5	812.5	30	4,445.0
233	Liceo Europeo de México	Guardería, estancia infantil, preescolar y primaria	N/D	100.0	N/D	N/D

234	Piccolo Gym	Estimulación temprana	N/D	250.0	N/D	N/A
235	Profesor Chiflado	Show y talleres de ciencia	N/D	355.6	N/D	6.0%
	Educación / idiomas	**Producto**	**Cuota inicial**	**Monto inversión inicial total**	**Retorno inversión (meses)**	**Regalías para operación**
236	Angloamericano	Idiomas	Variable	1,500.0	Variable	10.0%
237	Berlitz	Idiomas	381.0	3,000.0	N/D	7.5%
238	Harmon Hall de México	Enseñanza de inglés	150.0	1,000.0	18-24	9.0%
239	Inglés Individual	Idiomas	254.0	715.0	N/D	2.5%
240	Inglés Universal	Idiomas	100.0	150.0	12-18	10.0%
241	Instituto Europeo	Idiomas simultáneos	75.0	125.0	12	Variable
242	Instituto Conversal	Inglés y computación	N/D	300.0	12	N/D
243	Interlingua	Idioma inglés	N/D	2,150.0	24	9.0%
244	Wall Street Institute	Idiomas	N/D	1,500.0	30-36	Variable
	Hotelería	**Producto**	**Cuota inicial**	**Monto inversión inicial total**	**Retorno inversión (meses)**	**Regalías para operación**
245	Radisson	Hotelería	952.5	27,940.0	N/D	5.0%
	Impresión y rotulación	**Producto**	**Cuota inicial**	**Monto inversión inicial total**	**Retorno inversión (meses)**	**Regalías para operación**
246	Alphagraphics	Publicación digital	381.0	3,011.2	N/D	1.5-8%
247	Press-A-Print	Artículos de impresión	N/D	133.4	N/D	N/D
248	Recycling System	Relleno de cartuchos	N/D	150.0	N/D	N/A
249	Remaqtec	Reciclado de cartuchos	N/D	90.0	N/D	N/A
250	Sign-A-Rama	Impresión y rotulación	N/D	18,859.5	N/D	6%
251	Sir Speedy Inc.	Impresión y copiado de documentos	317.5	3,327.4	N/D	4.0-6%
252	Tintamax	Productos para impresoras	N/D	300.0	N/D	N/A

	Mascotas	Producto	Cuota inicial	Monto inversión inicial total	Retorno inversión (meses)	Regalías para operación
253	Dogtopia	Guardería, pensión y *spa* para perros	N/D	2,256.8	N/D	N/D
254	Maskottchen	Veterinaria y tienda de mascotas	100.0	670.0	24-36	4.0%
255	Petmall	Tienda de mascotas	N/D	433.0	N/D	N/D
256	Petland	Tienda de mascotas en línea	N/D	6,985.0	N/D	N/D
257	The Dog Father	Estética canina a domicilio	N/D	400.0	18	N/D
	Reparadoras de ropa y calzado	**Producto**	**Cuota inicial**	**Monto inversión inicial total**	**Retorno inversión (meses)**	**Regalías para operación**
258	Arréglalo	Reparación de ropa	N/D	400.0	N/D	3000
259	Costushop	Arreglos en ropa de vestir	N/D	350.0	N/D	$1,500 a $4,000
260	Hakky	Reparación de calzado	N/D	220.0	N/D	4.0%
261	Presstoke	Arreglos y composturas de ropa	110.0	110.0	12-24	N/D
	Restaurantes	**Producto**	**Cuota inicial**	**Monto inversión inicial total**	**Retorno inversión (meses)**	**Regalías para operación**
262	Alpen House	Comida europea	190.5	750.0	18-24	5.0%
263	Bigo's	Restaurante casual familiar	N/D	300.0	13-18	N/D
264	Controne	Restaurante	N/D	3.5	N/D	4.0%
265	China in Box	Restaurante comida china	212.0	900.0	24	6.0%
266	Fogobrasil	Restaurante comida brasileña	500.0	2,384.5	36	5.0%
267	Garufa	Restaurante cocina argentina	N/D	6,000.0	N/D	1.5%
268	La Raclette	Restaurante	N/D	2,500.0	N/D	7.0%
269	La Tradición de la Parroquia	Restaurante-cafetería	635.0	6,985.0	36-48	5.0%
270	Mr. Sushi	Restaurante de comida japones	N/D	800.0	N/D	5.0%
271	Restaurante Oriental Omei	Restaurante de comida oriental	N/D	4,445.0	24	N/D

272	Risto Barra Gourmet	Restaurante gourmet	N/D	600.0	18	N/D
273	Sake	Restaurante de comida japonesa y Sushi bar	300.0	990.0	24-33	5.0%
274	Spoleto	Pastas y Ensaladas	3,175.0	1,270.0	24-36	5.0%
275	Sushi-Itto	Restaurante de comida japonesa	N/D	3,000.0	36	5.0%
276	Sushi Roll	Restaurante de comida japonesa	230.0	Variable	24-28	4.0%
277	Teriyaki San	Restaurante de comida japonesa	150.0	750.0	18	5.0%
278	Tony Roma's	Restaurante	N/D	8,000.0	N/D	7.3%
279	Wings	Restaurante	635.0	9,525.0	N/D	6.0%

	Restaurante / Bar	Producto	Cuota inicial	Monto inversión inicial total	Retorno inversión (meses)	Regalías para operación
280	Beer Factory	Restaurante y microcervecería	N/D	17,780.0	N/D	5.5%
281	Celtics	Bar tipo pub irlandés	N/D	2,200.0	N/D	5.0%
282	La Única de Guerrero	Cantina	200.0	2,630.0	24	5.0%
283	Las Gaoneras	Restaurante-bar	N/D	1,300.0	N/D	4.0%
284	The Bebotero	Bar	350.0	900.0	18-20	5.0%
285	Zydeco Bar	Bebidas y alimentos	4,445.0	3,500.0	18-24	5.0%

	Restaurantes / Comida Típica y Taquerías	Producto	Cuota inicial	Monto inversión inicial total	Retorno inversión (meses)	Regalías para operación
286	Antigua Taquería La Oriental	Tacos árabes	N/D	600.0	N/D	6.0%
287	Arrachera House	Restaurante-taquería	N/D	1,500.0	N/D	5.0%
288	Don Eraki	Tacos árabes	508.0	3,170.0	24	5.0%
289	El Fogoncito	Restaurante-taquería	N/D	1,270.0	24-36	5.0%
290	El Taco Rico	Tacos al pastor	N/D	50.0	3	N/D
291	El Tizoncito	Tacos al pastor	N/D	508.0	N/D	6.0%

292	Las Pichanchas	Comida regional chiapaneca	350.0	4,500.0	18	5.0%
293	Mi Viejo Pueblito	Comida típica	317.5	Variable	N/D	4.0%
294	Potzolcalli	Restaurante mexicano	260.0	1,000.0	30	5.0%
295	Ta'Copetón	Comida mexicana	N/D	750.0	21	N/D
296	Taco Bell Corp.	Restaurante de comida mexicana	571.5	13,970.0	N/D	5.5%
297	Taco Inn	Restaurante taquería	15.0	750.0	18-24	5.0%

	Salud / Control De Peso	Producto	Cuota inicial	Monto inversión inicial total	Retorno inversión (meses)	Regalías para operación
298	Body Factor	Control de peso	N/D	381.0	N/D	6.0%
299	Clínica de obesidad y control de peso	Control de peso	N/D	762.0	N/D	N/A
300	Esbelt Center	Clínica especializada en nutrición y obesidad	N/D	3,810.0	N/D	5,500.0
301	La Dieta de los Asteriscos	Programa de nutrición para adelgazar	N/D	10.0	6	N/D
302	Villasanté	Clínica anticelulitis	N/D	410.0	N/D	5,000.0
303	Naturhouse	Control de peso	N/D	300.0	N/D	N/D

	Salud / Cuidado y Especializado	Producto	Cuota inicial	Monto inversión inicial total	Retorno inversión (meses)	Regalías para operación
304	Banco de Cordón Umbilical	Criopreservación de células de cordón umbilical	N/D	200.0	N/D	N/A
305	Dental Perfect Láser	Clínicas dentales integrales	N/D	2,600.0	N/D	5.0%
306	Laboratorio Médico Polanco	Laboratorio de Análisis Clínicos	N/D	6,096.0	N/D	5.0%
307	Mediacné	Clínica especializada en el tratamiento del acné	450.0	650.0	18	5.0%
308	Red Crea Medicina Reproductiva	Tratamientos de reproducción	N/D	1,300.0	N/D	4.0%
309	Visiting Angels	Cuidado de adultos mayores	N/D	417.8	N/D	N/D

	Salud / Farmacia	Producto	Cuota inicial	Monto inversión inicial total	Retorno inversión (meses)	Regalías para operación
310	Century	Farmacia naturista	N/D	180.0	N/D	2.0%
311	Diabetes Good Life	Productos para el diabético	20.0	100.0	4-6	2.0%
312	Farmacias del Ahorro	Farmacia	N/D	2,000.0	N/D	3.0%
313	Farmacia Dermatológica	Farmacia especializada	N/D	762.0	N/D	4.0%
314	Farmacias Medigén	Farmacéutico	90.0	100.0	18-24	2.0%
315	Farmacias de Descuento Salud y Unión	Farmacéutico	250.0	1,150.0	19-24	2.0%
316	Farmatodo	Farmacia y autoservicio	N/D	1,500.0	N/D	2.0%
317	Mi Farmacita Nacional	Farmacia y consultorio médico	N/D	500.0	N/D	4.5%

	Servicios / Automotriz	Producto	Cuota inicial	Monto inversión inicial total	Retorno inversión (meses)	Regalías para operación
318	Grease Monkey	Mantenimiento automotriz	N/D	3,810.0	36-48	N/D
319	Midas Auto Service Experts	Mantenimiento automotriz	324.0	2,000.0	30-48	8.5%
320	Pep's Autopartes	Autopartes para todas las marcas	N/D	915.0	N/D	3.5%
321	Speedee	Servicio automotriz	300.0	2,800.0	42	6.7%
322	Speedwash	Autolavado móvil	N/D	16.5	N/D	N/A

	Servicios / Renta de Autos	Producto	Cuota inicial	Monto inversión inicial total	Retorno inversión (meses)	Regalías para operación
323	Payless Car Rental	Renta de autos	N/D	5,000.0	N/D	Variable
324	Pit-Z	Renta y venta de autos	N/D	425.0	N/D	5.0%
325	W Rent a Car	Renta de autos	N/D	2,800.0	N/D	7.0%

	Servicios / casa de empeño	Producto	Cuota inicial	Monto inversión inicial total	Retorno inversión (meses)	Regalías para operación
326	Apoyo Fácil	Servicios financieros	N/D	700.0	N/D	1.5%
327	Central de Empeños	Préstamos prendarios	N/D	2,500.0	N/D	1.2%
328	El Diamante	Casa de empeño	200.0	1,300.0	30	0.1%
329	Monte Providencia	Préstamos con garantía prendaria	85.0	600.0	12	1.0%
330	Prendamex	Casa de empeño	120.0	600.0	12-24	1.0%
331	Prenda Ver	Préstamos inmediatos	N/D	2,500.0	N/D	0.8%
332	Préstamos Express	Créditos prendarios y cambios de divisas	N/D	700.0	N/D	2.0%
333	Préstamo Seguro	Préstamos inmediatos	N/D	600.0	N/D	2.0%
	Servicios / financieros	**Producto**	**Cuota inicial**	**Monto inversión inicial total**	**Retorno inversión (meses)**	**Regalías para operación**
334	Autoral	Autofinanciamiento	N/D	1,931.8	N/D	N/A
335	Creditaria	Servicios financieros	360.0	200.0	12-18	4.0%
336	Firme Plus	Financiamiento inmobiliario	N/D	500.0	N/D	N/A
337	Prendalana	Servicios financieros	N/D	640.0	N/D	1.0%
	Servicios / limpieza	**Producto**	**Cuota inicial**	**Monto inversión inicial total**	**Retorno inversión (meses)**	**Regalías para operación**
338	Dogo un mundo de limpieza	Servicios de limpieza	N/D	265.0	N/D	N/A
339	Quick Shine	Servicios de limpieza	300.0	300.0	12-18	4.0%
	Servicios / mensajería	**Producto**	**Cuota inicial**	**Monto inversión inicial total**	**Retorno inversión (meses)**	**Regalías para operación**
340	Gsmexpress	Mensajería y paquetería	N/D	200.0	N/D	N/A
341	Mail Boxes Etc.	Mensajería y paquetería	N/D	1,016.0	N/D	6.0%
342	Pakmail	Servicios de mensajería	400.0	365.0	18-30	5.0%

	Servicios / seguridad	Producto	Cuota inicial	Monto inversión inicial total	Retorno inversión (meses)	Regalías para operación
343	Protector	Placas y brazaletes de identificación personal	N/D	75.0	N/D	N/A
344	Safe and Sound México	Seguridad infantil	N/D	190.5	N/D	2.0%
345	Tecnoalert	Seguridad integral	N/D	254.0	N/D	3.5%

	Tintorerías y lavanderías	Producto	Cuota inicial	Monto inversión inicial total	Retorno inversión (meses)	Regalías para operación
346	5 " Sec	Tintorerías en una hora	N/D	1,397.0	N/D	5.5%
347	Ecoclean	Tintorería, lavandería y planchaduría	0.0	270.0	18	0.0%
348	Ito's	Tintorería y lavandería	100.0	350.0	24-36	4.0%
349	Oxxo Care Cleaners	Tintorería y lavandería	N/D	224.5	18	N/D
350	Pressmatic	Lavandería	110.0	496.0	18-24	5.0%
351	Pressto	Tintorería	254.0	1,905.0	36	5.0%
352	Tintorería Dimar	Tintorería y lavandería	N/D	1,714.5	N/D	4.0%
353	Tintorerías Max	Tintorería	254.0	1,524.0	N/D	N/D

	Venta al menudeo	Producto	Cuota inicial	Monto inversión inicial total	Retorno inversión (meses)	Regalías para operación
354	100% Hecho a Mano	Comercialización de artesanías	N/D	650.0	N/D	0.0%
355	Barañas 5 y 10	Todo a un mismo precio	4.9	54.0	3-4	0.0%
356	Círculo K	Tienda de conveniencia	220.0	1,000.0	36	3.0%
357	El Mundo de a 3 Pesos	A un mismo precio	N/D	300.0	N/D	3,000.0
358	Importatodo	Venta de artículos de decoración y regalos	200.0	800.0	12-18	N/A
359	La Tiendita de 3 Pesos	Todo a un mismo precio	2.8	55.0	3-4	0.0%
360	Radio Shack	Comercialización electrónica	N/D	1,000.0	N/D	N/A

361	Sion Sheva	A un mismo precio	50.0	150.0	6-8	2.0%
362	Super City	Tiendas de conveniencia	N/D	600	N/D	N/A
	Vestimenta y accesorios	**Producto**	**Cuota inicial**	**Monto inversión inicial total**	**Retorno inversión (meses)**	**Regalías para operación**
363	Ángela	Lencería	190.0	100.0	12-20	750.0
364	D'Paul	Venta y renta de ropa fina	N/D	1,200.0	N/D	8%
365	Esthel	Comercialización de accesorios para dama	150.0	500.0	12-24	0
366	María Ferré	Ropa de maternidad y tallas grandes	500.0	250.0	18-24	N/A
367	Sparkling Princess By Marian	Accesorios para niñas	300.0	1,400.0	30-36	2%
368	Tangerine	Joyería y accesorios	N/D	600.0	11-16	1,250.0
369	Tania	Ropa interior y pijamas para dama, caballero y niña	150.0	300.0	18-24	0%
370	Tanya Moss	Joyería en oro y plata	N/D	1,100.0	18-24	N/D
	Varios	**Producto**	**Cuota inicial**	**Monto inversión inicial total**	**Retorno inversión (meses)**	**Regalías para operación**
371	Brahma	Productos químicos	200.0	950.0	11-14	Variable
372	Camp Santa Úrsula	Campamentos	6,096.0	19,050.0	5	5.0%
373	Cell Center	Accesorios de telefonía celular	250.0	250.0	6-8	N/D
374	Condon.Pon	Productos para la salud sexual	N/D	250.0	N/D	N/A
375	Diagnoline	Comercialización y soporte técnico para equipo de hospitales	350.0	700.0	24	5.0%
376	Disfrázate	Renta y venta de disfraces	90.0	390.0	24	5.0%
377	Distribuidora Automatizada	Máquinas autoexpendedoras	N/D	100.0	N/D	N/A
378	Distroller	Joyería, cerámica, artesanías y regalos	275.0	350.0	22	N/A
379	Dormimundo	Productos para el descanso	N/D	900.0	N/D	10.0%
380	Enmarkt	Soluciones integrales de enmarcado	100.0	Variable	17-24	5.0%

381	Erotika Love Store	Productos para adulto	N/D	315.0	N/D	1.5%
382	Fulanitos	Artículos para regalo	N/D	200.0	N/D	N/A
383	Historias en Papel	Diseño e impresión	250.0	630.0	12-18	3,600.0
384	Íntima	Textil blancos	N/D	1,000.0	N/D	N/A
385	Kids Warehouse	Mueblería infantil y juvenil	200.0	1,800.0	18-24	5.0%
386	La Concordia	Todo para sus fiestas	N/D	650.0	N/D	5.0%
387	La Route Des Vins	Bistro francés	500.0	3,000.0	27	5.0%
388	Ser Hogar System	Servicio doméstico asistencial	N/D	250.0	N/D	1,651.0
389	Supercarnes Selectas	Carne y abarrotes	150.0	163.6	18-20	3.0%
390	Super Sex Shop XXX	Productos para adulto	N/D	100.0	N/D	N/A
391	Taller de Cuentos	Cuentos personalizados	N/D	18.5	N/D	N/A
392	Todo de Cartón	Organización, empaques y envío	N/D	550.0	N/D	3.0%
393	Unique Art	Regalos vanguardistas	635.0	25.3	18-24	5% Semanal
394	Zurich	Regalos	50.0	200.0	8	0%
	Video clubes	**Producto**	**Cuota inicial**	**Monto inversión inicial total**	**Retorno inversión (meses)**	**Regalías para operación**
395	Cinematiko	Renta de películas en videocajeros	127.0	190.5	14	381.0
396	Monkey	Renta de películas y videojuegos	100.0	800.0	24-36	4.0%
397	Original Video	Videoclub automático 24 horas	N/A	199.0	18-24	N/A
398	Videobank	Videoclubes automatizados	N/D	350.0	N/D	N/A
399	Videomátic	Videoclubes automatizados	N/D	350.0	N/D	N/A

Notas: N/A: No Aplica, N/D: No Disponible.

25 años

nos queda mucho por hacer

LID

- 1993 Madrid
- 2008 Ciudad de México y Monterrey
- 2010 Londres
- 2011 Nueva York y Buenos Aires
- 2012 Bogotá
- 2014 Shanghái y San Francisco

www.ingramcontent.com/pod-product-compliance
Lightning Source LLC
LaVergne TN
LVHW050644051026
849532LV00002B/512
9786078704033